マンガで読む

人生がときめく片づけの魔法

konmari
近藤麻理恵

マンガ★ウラモトユウコ

サンマーク出版

片づけたいけど、片づかない。
でも、大丈夫。
あなたも、このマンガの主人公のようになれます。

ときめく 片づけの魔法

お隣さん

千秋のアパートの隣室に住むイケメン。カフェの厨房《ちゅうぼう》で働く、料理男子。きれい好き。

CONTENTS

1話 片づけることを決意する …… 005
2話 理想の暮らしを考える …… 023
3話 まずは「捨てる」を終わらせる …… 041
4話 正しい順番で「モノ別」に片づける …… 059
5話 とにかくたたむ、とにかく立てる …… 077
6話 「本類」は読まずにさわるだけで選ぶ …… 095
7話 書類は「全捨て」を基本に考える …… 113
8話 「思い出品」は最後に片づける …… 131
9話 「あるべき場所」にモノを収める …… 153
10話 本当の人生は、片づけたあとに始まる …… 171
あとがき …… 190

マンガで読む ▶ 人生が

登場人物紹介♪

鈴《すず》木《き》千《ち》秋《あき》

29歳OL、独身、現在彼氏なし。惚《ほ》れっぽくて、飽きっぽい性格のため、恋愛が長続きしないのが悩み。

近藤《こんどう》麻《ま》理《り》恵《え》

片づけコンサルタント。通称「こんまりさん」。かわいらしい笑顔でビシバシと片づけ指導をする。

千秋の部屋の間取り♪

1話 片づけることを決意する

おつかれさまでしたー！
じゃあ我々も千秋《ちあき》さんは逆方向だっけ
はい向こうでタクシー拾います
運転手さん次の信号を右です
あのアパートの前で降ります
…ふう
ガチャガチャ

ただいまー
除菌

私
鈴《すず》木《き》千秋 29歳
はーつかれた
飲料メーカーで営業やってます
ぽい
ぽいっ
独身
ひとり暮らし
現在彼氏なし
メール返さなきゃ…充電切れそう
ぐいっ
ぐちゃ…

えーっと
今日はありがとうございました…
いたっ
ぐさっ
もー
誰よ こんなところに置いたの
燃えるゴミ いつだっけ
資源
可燃
不燃
2・4
1・3
明後日《あさって》かあ…
・・・とりあえず ベランダに出しとこ

あー
先週のも
出してないや
明後日は
忘れないように
しなきゃ
ふぅ
・・・・・とりあえず
片づいたっと
ぱん。。。。
ぱんっ
あれ？
コンタクトの
ケース
フタがない
いいや
新しいの
開けちゃえ
シャワー
浴びて
寝ちゃおう
ぷちん

ふ
明日は午前中に会議が1件…
あれ？資料ってどこに置いたっけ？
ピンポーン
え うちのチャイム？
ピンポーン

こんな時間に誰よ非常識な
ピンポーン
居留守…は使えないか
しつこいなあ
はーい今行きます！

はいはい はいはい
どこの誰よ
あらっ
ちょっと… かっこいいじゃない!? いや レンズ越しだと よくわかんない
今 開けまーす!
はーい
夜分遅くに すみません

隣に住んでるものなんですが…
あのっちょっと今着替えてたとこなので
少々お待ちください
やばい！ほんとにかっこいい！
あんな人が隣に住んでたんだ！
も〜すっぴんなのに！せめてもうちょっとましな服…
ぐいっ
つるっ
すってん
きゃー!!
どしゃー
がらがら
えっ
何かあったんですか!?
開けますよ！

あ…

ありえない……
ま待って…これはたまたま大掃除中で！
あのベランダのゴミ片づけてくださいうちのほうまでにおってくるんで……
それだけ伝えたかったんです
う

「ありえない」って…
失礼な！ちょっと顔がいいからって上から目線で何なの!?
実際ありえてるんだし！現実に！
現実…
これが現実…
いつからこうなっちゃったたんだっけ…

ちょっと片づけてから寝るか…
……とりあえずまずはゴミを…
45ℓ
ベランダのゴミ〜
……とりあえずゴミはあとまわし！先に水まわりから…
ぽい
スポンジと洗剤がどこかに埋もれてるはずなのよ
やっぱり本棚から…うわ！図書館で借りた本だ！
見なかったことにしよう…

あれ…
片づけってどうやるの？
私には無理なのよ
しくしく
毎日忙しいし生まれつき片づけられない性格なんだし
ふんだ世の中には私より片づけられない人いっぱいいるでしょ
人の汚部屋《おへや》の写真見て安心しよ
片づけ
片づけこんまり
片づけ収納
ん？
「こんまり」…？
これが「こんまり」こと近藤麻理恵《こんどうまりえ》さんと私の出会いでした

勢いで片づけレッスンなんて申し込んじゃったけど
知らない人に部屋を片づけてもらうって大丈夫かな…
スタッフ何人来るのかな
お茶足りるかしら
そわそわ
こんにちは
千秋さんですよね
「こんまり」こと近藤麻理恵です
ははじめまして
え！この人!? 妖精さんみたい
ていうかひとり!?
さっそくお部屋拝見します
え!? もう!? 心の準備が…

ごめんなさい
すっっごく
散らかってます
知ってます！
だから申し込み
されたんですよね
なるほど
たしかに
すごいですね
でもこの光景は
これで見納めですよ
だって
私の
片づけの魔法は
「リバウンド
ゼロ！」
ですから！

私には無理？
けっしてそんなことはありません。
誰だって片づけられるように
なるのです。

「片づけはマインドが9割」です。ノウハウももちろん大切ですが、ノウハウを学ぶだけだと、リバウンドしてしまう可能性も高いのです。

これから始める片づけは、たんに「お部屋をスッキリ」させたり、「人が来たときだけ、とりあえずきれいに見せる」ための片づけではありません。

あなたの人生を変える、「人生をときめかせる」ための片づけなのです。

「自分は絶対、片づけられる人になる」。まずは強くそう信じてください。

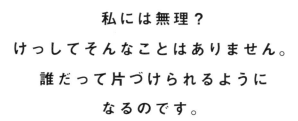

2話

理想の暮らしを考える

好きなの飲んでてください
私ちょっと隣の部屋で着替えますので
茶
100%
ふ
なるほど
お待たせしましたー!

さあ
どこから
やります？
それとも
手分け
したほうが
いいですか？

あっ　こんまりさんも着替えますか？
千秋さん　落ち着いてください
まずはお茶でも飲みませんか？
立派なエスプレッソマシーンですね
はあ…
素敵なカップもあるじゃないですか
ひょい
COFFEE
コーヒーお好きなんですね
いやあ　ちょっとハマってた時期があって

いろいろご趣味がおありなんですね
え
スノボにレコード
ダイビング編み物…
スケートプラモデル…
これは写経…
ぺら
えーっと私の趣味というか……

彼氏 だった人とか
彼氏 になりそうだった人たちの趣味ですね
恋多き女性なんですね
恋はたくさんするんですけど
なぜかいつも長続きしないいんですよね…
何かに打ち込んでる男性ってかっこいいじゃないですか！
すぐ好きになっちゃって
彼のこともっと知りたいなもっと近づきたいなって思って私も同じ趣味に手を出してみるんです

で別れたら
つらい思い出になって
その趣味を
手放しちゃう…
そうっ！
はい はい
でも
それなりに
投資もしてるから
捨てるの
もったいないし
恋のほとぼりが
冷めたら
再開するつもりで
道具はとってあるんです
コーヒーの
淹《い》れ方は
ここで
教わったん
ですか？
まさか！
無理無理無理！
こんな部屋
見せられるわけ
ないじゃないですか！
幻滅されちゃう！
じゃあ
この部屋に
恋人や
ご友人を
招くことは…
ないです

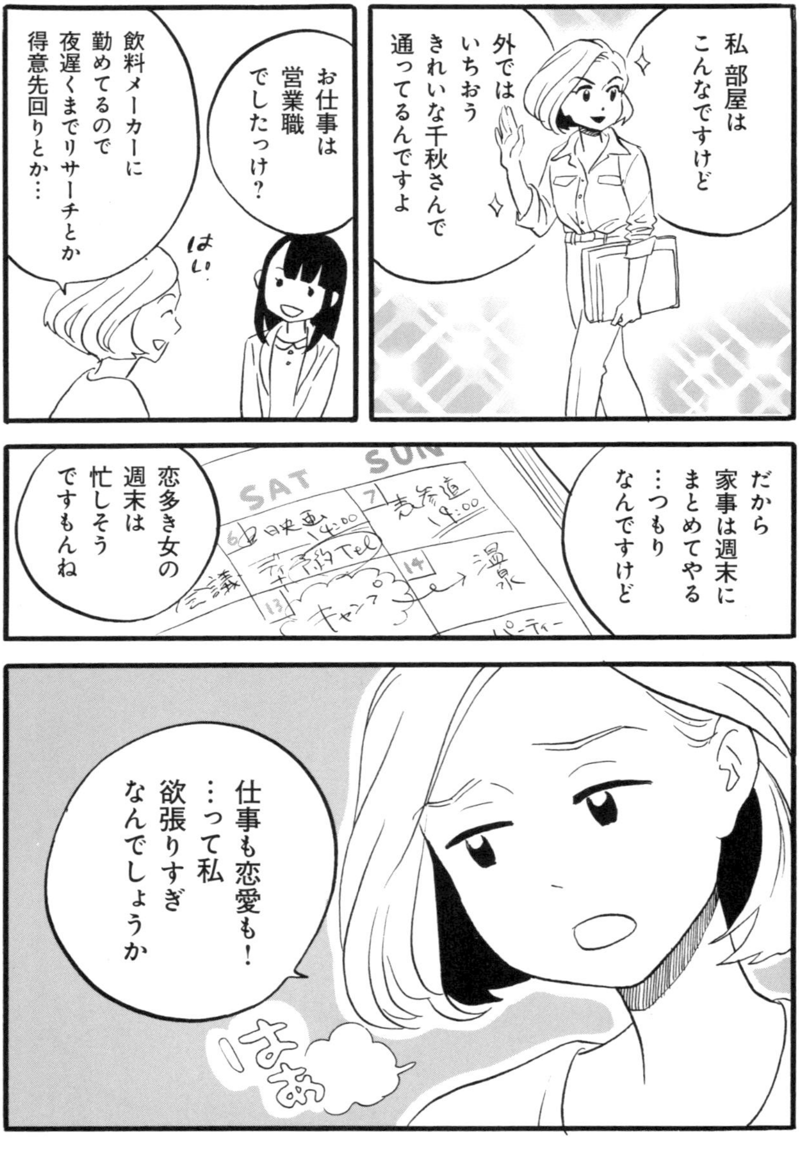
私部屋はこんなですけど
外ではいちおうきれいな千秋さんで通ってるんですよ
お仕事は営業職でしたっけ？
はい
飲料メーカーに勤めてるので夜遅くまでリサーチとか得意先回りとか…
だから家事は週末にまとめてやる…つもりなんですけど
SUN
SAT
恋多き女の週末は忙しそうですもんね
仕事も恋愛も！…って私欲張りすぎなんでしょうか
はぁ

ななんかすみません！私の恋愛相談みたいになっちゃって！
片づけ始めましょ！
はっ
こういう思い出の品をとっとくからよくないんですよね！
がっ
待って！
思い出の品は最後です！
片づけ初心者が最初に手をつけてもよいシロモノではありません！
ははい
じゃあ今日はどこから片づければ
今日のレッスンはここまでにしましょう
え！

まだ何もやってませんけど!?
次回のレッスンまでにひとつ宿題を出しておきます
はい…！どこか片づけておくんですね？
どきどき
いいえ 質問をしますので答えを考えておいてください
「千秋さんはここで どういう暮らしをしたいですか？」
この部屋で…？
えーっと「片づいた部屋に住みたいです」
それはもちろん大丈夫！この部屋は必ず片づきます！
う…それホントですか…？
私 ほんっとに片づけられない女ですけど…

千秋さん
これまでに
片づけを習った
ことは？
ふるふる
これまでに
正しい片づけ法を
学んだことが
なかった
つまり
「片づけられない」
のは誰であろうと
当然のこと
なのです
私と一緒に
正しい片づけについて
学んで実践すれば
誰でも
「片づけられない地獄」
から脱出できます
……で
ゴミの山
洋服の沼
千秋さんに
考えてほしいのは
そこから
先なんです
片づけで人生は
ドラマチックに
変わります！
千秋さんは
どう変わりたい
ですか？
それでは
また次回
宿題
考えておいて
くださいね
片づけは
それからです

うーーん
宿題ねぇ…
あ
あ
ゴミは捨てておきましたんで
余計なお世話かもしれませんけど少しは部屋を片づけたほうが…
い言われなくても…！

今日から片づけレッスンの先生に来てもらったんだから！
ふふん
片づけレッスン…？
いや！まだこれからだから！
……実は…
屈強な引っ越し屋さんみたいな人を想像してたのに
現れたのは妖精さんみたいな女の子で…
今日はおしゃべりだけして「理想の暮らしを考えてみる」って宿題だけ出されて終わったんだよね…

そんなレッスンでほんとにあの部屋が片づくんですか？
そうだよねぇ理想の暮らしを考えるだけじゃさ…
あれ…なんだかおなかすいてきた
ああうちがごはん作ってるからじゃないですか？
えー！よくここの狭いキッチンでごはん作れるね！
…？別にふつうのキッチンだと思いますけど
もしかしてうちと設備が違うのかしら
ちょっと！危ないですよ！
きゃっ
つるっ
どすっ
痛
重いっ

ご…ごめん
おじゃまします…
いてて…
だから危ないって言ったのに！
うそ
重い…
これほんとに同じ間取り…？

な
なんか素敵なカフェみたい！
ごはんもおいしそう！
あなた何者なの!?
いや そのまんまカフェの厨房《ちゅうぼう》で働いてます
いいなぁぁ 私なんか営業車でおにぎり食べて帰り道でコンビニ寄って…
私もおうちでちゃんとしたごはんを食べたいなー
今心の叫びがあふれてる感じでしたね
くすくす
だってこんなの理想的…
はっ

ありがと！
おかげで
宿題できたわ！
おじゃましましたー!!
危ないですってば!!
せっかくだから
ごはんくらい
食べていけば
いいのに
理想の暮らしって
いうには
ささやか
すぎるかな？
Q 理想の暮らし??
おうちで
ごはんを作って
食べる!!
次回のレッスンが
どうなるか
楽しみ！

すべては
「理想の暮らし」を考えること
から始まります。

どんなおうちで、どんな暮らしをしたいのか、「理想の暮らし」を考えてみてください。

絵が上手な人は絵をかいてもいいし、ノートに文章を書いてもいいでしょう。

インテリア雑誌から、お気に入りの写真を切り取ってみるのもオススメです。

「理想の暮らし」を考えることで、自分はなぜ片づけをしたいのかとか、片づけを終えたあと、どんな人生を送りたいのか、そういうことを考えるようになります。

片づけはそれだけ、人生にとって、とてつもなく大きな節目になる行為なのです。

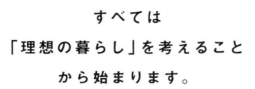

3話

まずは「捨てる」を終わらせる

それでは あらためて お尋ねします
千秋さんの 理想の暮らしは どんなものですか?
「おうちで 素敵なごはんを 作って食べる」
…ような 暮らし です
それって 具体的に どのような 生活ですか?
具体的…？ えーっと…
たとえば… 仕事から 帰ってきて
…ううん 帰り道に 旬の食材を買って あテーブルに 飾るお花も

で 玄関開けたら…
おじゃましまーす
ガチャ
パジャマじゃなくて素敵なルームウェアに着替えて
音楽を聴きながら料理の下ごしらえをして…
現実
即シャワー
&
パジャマ
素敵な花瓶が欲しいですね
そうそう ランチョンマットもクロスも料理に合わせて替えてみたり
キャンドルの灯《あか》りでディナーなんていいかも
ワインも開けましょうか
あ こないだ買ったワインオープナーがこのへんに…

……なんて暮らし私にほんとにできるんでしょうか

もちろん！
正しい片づけ方を身につければ誰だってできます！
ほっ
こんまりさんに言われるとそんな気がするから不思議です
じゃ さっそく片づけますか！
待って！
あせる気持ちはわかりますがもう少していねいに進めていきましょう
千秋さんは
なぜ
こんな暮らしがしたいんですか？
DIARY
えっ
なぜ？
それは…ちゃんとごはんを食べなきゃと思って…
なぜ？

ごはん…食べてないんですか？
た 食べてますよ！
かわいそう…
アメいります？
でも外食とかお弁当ばっかりだから…
あんまりよくない気がして
メロン
梅
NOODLE
COFFEE
なぜ？
なんで？どして？
う そんな無垢《むく》な瞳で聞かないで…
えーっと なんでよくない気がするかというと…
仕事が忙しくて「時間が空いたから」とか「近くにあったから」とか

「食べたいから」じゃなくて「とりあえず」でおなかを満たしちゃうんです
ごみ
「とりあえず」を食べ続けて
とりあえず
私の身体《からだ》が「とりあえず」でできあがってしまうのはイヤですね…
それに隣の家をたまたま見ちゃって
すごくきれいなキッチンで晩ごはんを作ってて…
あっ!
そういえばこの部屋を借りるとき
使いやすそうなキッチンだなって嬉《うれ》しくなったんです
今の今まで忘れてました

あのー こんな話
片づけに
関係ありますか?
大アリです!
「なぜ片づけを
するのか?」
これを突き詰めて
考えるステップは
とても重要です
「なぜ」を
繰り返すことで
私にも千秋さんの
幸せのかたちが
はっきり
見えてきました!
私の
幸せのかたち…
幸せ…
好きなこと…そうだ

そうだった私
飲食が好きで
飲料メーカーの
仕事に就いたのに
いつのまにか
食べることを
おろそかに
してたなあ
これで
いよいよ
モノを見極める
ステップに
入って
いけますね！
いよいよ！
私の
幸せな部屋づくりが
始まるんですね！
ちょっと
待ってて
ください！
さあ！
ひと通り
そろえました！
どれでも
使ってください！
スキマ用棚
便利収納
収納BOX
3個セット

…前回より モノが 増えてると 思ったら
こういう モノを 買い足して たんですね…
便利ポケット
はっきり 言って おきます
収納法で 片づけは 解決しません!
まずは モノを捨てる ところから 始めること!
収納なんて! しょせん 付け焼き刃の 解決法に すぎないのです!
除菌
ははい…

ちなみに
お掃除グッズも
2人分 買いそろえて
いただいたようですが
私は
片づけは
しませんよ
片づけ方を
教えるだけ
です。
ガーン
ちょっと
期待してた…
片づけるの
前に
ごちゃごちゃ
捨てる…
えーっと
じゃあ何を
捨てれば…
簡単ですよ
ときめかないモノを
捨てるんです

え？
今なんて…
「ときめき」！です!!
ときめき…？
ずいぶんあいまいな基準ですけど…
？
たとえばホラ…
ひょい
ひょい

この4つ
どうでしょう？
ときめきますか？
できる英会話
ごくり…
「ときめかない」ってことは捨てるってことだよね…
とき…
めきます
この服
暖房壊れてるときにスーパーで買ったんですけど
ものすごく暖かくて使えるんですよ

この本は英会話の勉強のために…
英会話
1日でペラペラ
あ これは親戚のおじちゃんにもらったネックレスですね
これは昔好きだったバンドのグッズでオークションで高値なんですよ
なるほど
でもそれって
ときめきとは少し違うかも
マジメな話 モノには物体としての価値のほかに
3つの価値があるんです

３つ…？
1. 機能
2. 情報
3. 感情
ですね
ここに希少性の要素も加わります
まだ使える服
機能的な価値
有用な本
海外ドラマにハマった勢いで英語を勉強しようと３年前に購入。今のところ章末の雑学コラムページしか読んでない。
情報的な価値
できる英会話
裏起毛、遠赤外線であったか。部屋着専用。宅配便の人に見られるのはぎりぎりOK。
思い入れがあるアクセサリー
感情的な価値
お世話になったおじちゃんにもらったので「ダサい」なんて口がさけても言えなかった。
追いかけてたバンドのキャラクターフィギュア。ツアー会場限定カラー。
希少価値
手に入りにくかったり替えがきかなかったりするグッズ…
このような価値観が邪魔をしてモノを手放すのはなかなか勇気がいることです

私は
機能的な価値で
これを着てた
のか…
そうそう
そうやって
手に取るのが
いいんですよ！
手に取って
ふれてみる
どうですか？
さっきより
ときめきが
わかるでしょう？
毛玉～
そういえば
肌ざわり
安っぽい…
さて
心がときめかない
服を着て
幸せでしょうか？
積《つ》ん読《どく》したままの
心ときめかない本に
囲まれて
幸せを感じますか？
けっして
身につけることはない
アクセサリーを持っていて
幸せな時間が
訪れるでしょうか？

捨てるということは残すモノを選ぶ作業の裏返しです
心がときめくモノだけを残す
あとは全部思いきって捨ててみる！
ときめき
と、ときめく？
その瞬間からこれまでの人生がリセットされて
きっと新たな人生がスタートしますよ
ときー…めきー…
ときめか…？めけ…？
うふふ
だんだんわかるようになりますよ
実は残すモノを選ぶにも難易度の違いがあるんです
では一番難易度の低いジャンルからとりかかりましょう！

まずは、「捨てる」を終わらせる。
ただし、「捨てるモノ」を選ぶのではなく、
「残すモノ」を選ぶのです。

「捨てるモノをどう選ぶか」が主題になってしまうと、片づけのピントは大きくズレてしまいます。

モノを選ぶ基準について、私が出した結論はこうです。

「さわったときに、ときめくか」

モノをひとつひとつ手に取り、ときめくモノは残し、ときめかないモノは捨てる。モノを見極めるもっとも簡単で、正確な方法です。

そもそもお部屋も持ち物も「自分が幸せになるため」にあります。

だから、モノを残すか捨てるか見極めるときも、「持っていて幸せかどうか」、つまり、「持っていて心がときめくかどうか」を基準にするべきなのです。

4話

正しい順番で「モノ別」に片づける

洋服は一般的に希少性が低くカテゴリーもはっきりしているため
捨てるか残すかの判断の難易度が低いのです

えっ
ここに
…ですか？
わざわざ？
「今日は家の中の
この部屋を片づけよう」
という「場所別」ではなく
場所別
「今日は家の中の
この種類のモノを片づけよう」
という「モノ別」の考え方は…
モノ別
私の片づけ術の
大事な基本です！
場所別ではなくモノ別!!
場所別
ではなく
モノ別…？
つまり
「服なら服」
「本なら本」って
一気に片づける
ってことですね
その通り！
千秋さん
片づけの才能
ありますよ！

多くの人が
片づけられない
一番の原因は
モノが多いから
タタいよー
モノが増え続けるのは
自分が持っているモノの
量が把握できないから
あれ？
買ったモノ
置くとこ
ないな…
持っているモノの量が
把握できないのは
収納場所が分散して
しまっているから
収納場所が
分散している状態のまま
場所別の片づけをしていると
恐ろしいことに…
ゴクリ…
どうなるんですか？
片づけが永遠に
終わらないんですよ
ふー
片づいた
あれっ
こんなとこにも
あった
ぎゅう
ぎゅう
もう
入らないよ～
LOOP
トップス
ボトムス
靴下や小物…
バッグも
お願い
しますね～
これで
全部です！

ぜぇ
はぁ…
本当に？
ひとつ残らずですよ？
では これ以降出てきたお洋服は問答無用でなかったものとしてあきらめていただきますね
えっ
KEEPOU
KEEP OUT KE
OUT KEEP OUT
まま待って！
きょろきょろ
ちょっと待って！
今度こそ全部です……って
どさっ

こんまりさんどこですか〜？
千秋さんこっちこっち〜！

山ですね
身体《からだ》はひとつしかないのになんでこんなに服があるんだか…ここから残す服を選んで山を崩していくんですね
どーん
まずこのへんは新品だから残して…
これは新品
ぽい
これもまだ着てない
あそういえばこんなの買ってた!
ぽい
ストップストップ!
なんでそんなに新品が出てくるんですか!?

だって買い置きしとくといざというとき便利じゃないですか
…にしてもこの量は多すぎませんか
百歩譲ってストッキングは消耗品なので買い置きする気持ちはわかります
…でもこちらの新品の洋服たちは…？
これは…
セールになってたので試着せず買っちゃったんですけど
家で着てみたらあんまり似合わなかったんですよね…
これは通販であと1着買えば送料が無料だったので…
あーーこんなとこに！なくしたと思ったからこのバッグ買い直したんですよ
これは気に入ったセーターの色違いも試したくて…
ボーダーはとりあえず何着あっても困らないから…

出ましたね「とりあえず」
自分の身体が「とりあえず」のモノでできあがってしまうのはイヤだっておっしゃってたじゃないですか
じゃじゃあ1回くらい袖を通してから捨てよっかな…
ときめきますか?
う…
思い出してください
選ぶ基準はあくまで「ときめき」です
えーっと
とき…め…
千秋さん
ぽん
オフシーズンの服から始めましょうか

たとえば このダウン
次の季節に ぜひ会いたい ですか？
ぜひ会いたい かと 言われれば……
そうでも ないかな
安物だし…
ほら！ 今ときめきの 判断が早かった でしょう
今の季節のものだと
今すぐ 必要でないモノは 純粋にときめくか どうかで 判断できるので
ときめかない けど 昨日着たし…
オフシーズンの 服から 始めるのが オススメなんです
ときめかない けど 明日着てから捨てよっと
冷静に判断できない!!
でもでも！ それじゃ 次の季節が 来たときに 着るモノに 困っちゃう！
大丈夫！
ときめく モノだけ 残していけば 必ず！ 自分にとって 必要な量は 残ります

ほ ほんとですか〜？
私を信じて！さあ どんどんいきましょう
オフシーズンのモノをひとつひとつさわって「次の季節にぜひ会いたいか？」
ご自分の胸に聞いてみてください
似たようなセーターたくさん持ってるのに
なぜかこれだけときめきます!!
しっくりくる!!
肌ざわりなのかサイズ感なのか…
持ち主本人にしかわかりません
また冬に会おうね

この方法なら たしかに 意外と仕分け できますね
ふー
じゃ こっちの ときめかなかった 服は…
部屋着に します
ええ いいですよ
…なんて 言うとでも 思いましたか!
それじゃ 洋服の総量は まったく 変わって ませんよ!
やっぱり?
断言します! 外出着から 降格させた 部屋着は…
十中八九 着ません!
それは私も うすうす 感じてました…
結局いまいち 手に取らない服って いくら部屋の中でも 着ないんですよね…

でも！捨てるのはもったいなくて！
考えてみてください
それって結局ときめかない服を捨てることを先延ばしにしてる・・・・・・だけなんですよ
それに外出着としてときめかないから部屋着にするというのも何か違う気がします
部屋で過ごす時間も大切な価値ある時間です
「とりあえず」ではないときめく格好《かっこう》で過ごしましょうよ！

さっ
さっ
ときめく
ときめかない
うんうん順調順調
だんだんスピードアップしてきましたね
どうしても迷うモノもありますよね
千秋さん今着てみてくださいよ
えっ
どうでしょう?
千秋さんどう感じますか?
うん でもちょっと形が古いな これは「捨て」!
着てみるとわかることもありますよね
どうせだからこれも着てみよう!
はい!こんまりさんはこっち!
えー私も!?

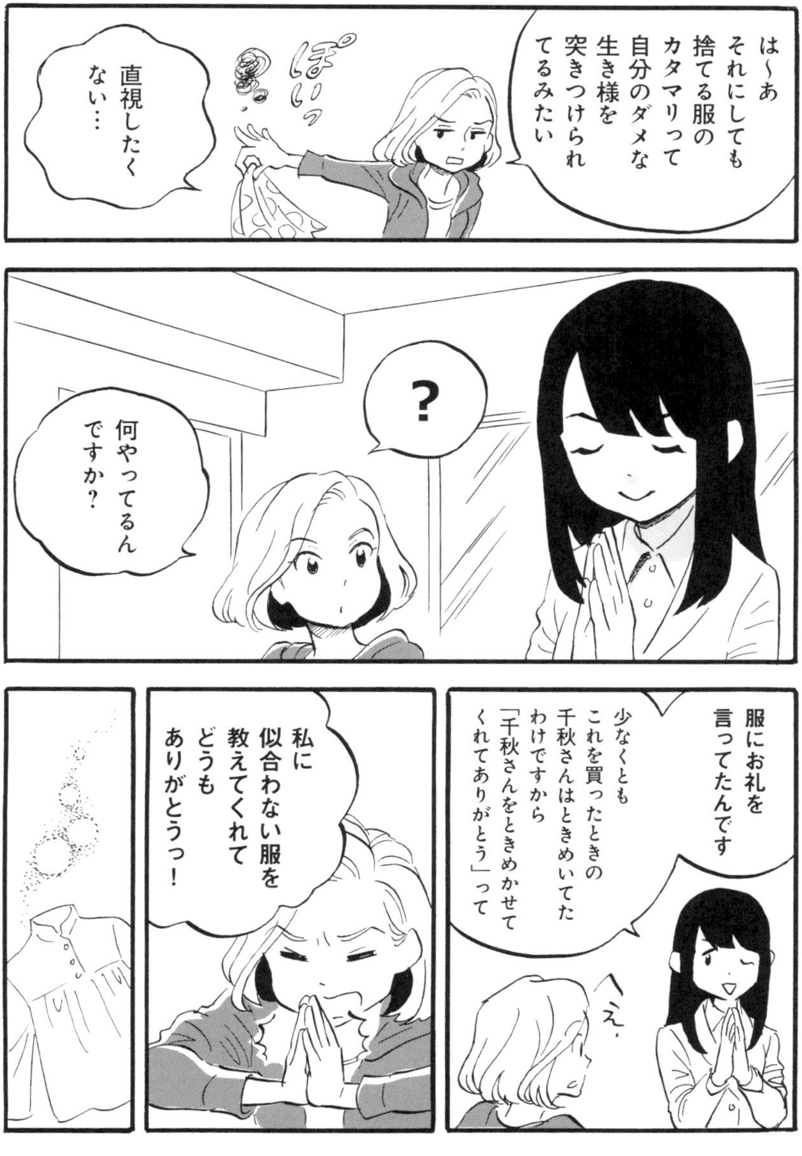
は～あ それにしても 捨てる服のカタマリって 自分のダメな生き様を 突きつけられてるみたい
ぽいっ
直視したくない…
?
何やってるんですか?
服にお礼を言ってたんです
少なくとも これを買ったときの千秋さんはときめいてたわけですから 「千秋さんをときめかせてくれてありがとう」って
へえ.
私に似合わない服を教えてくれてどうもありがとうっ!

※捨てるだけでなく、リサイクルショップに持っていくなどしてもOKです。

こうしてみると…
私ほんとにこんなモノに囲まれて生きてきたのか…
ときめかないモノを見極めるだけでなんだかスッキリ！
片づけって気持ちぃーい！
さあ！この勢いが消えないうちに
次はときめくお洋服を「しまう」編です！

「場所別・部屋別」ではなく、
必ず「モノ別」で考える。

多くの人が片づけられない一番の原因は、モノが多いから。

モノが増え続ける一番の原因は、自分の持っているモノの量を把握していないからです。

たとえば洋服を整理する場合は、家じゅうにあるあなたの洋服を一度に判断していきます。コツは、「収納からひとつ残らず出して、1か所に集める」こと。

こうすることで、今自分がどれだけのモノを持っているかを正しく認識できるからです。

さらに、引き出しなどに入ったままの状態は、いわゆる「モノが寝ている」状態。

収納から出して、床に広げ、空気にふれさせ、「モノを起こす」と、驚くほど自分のときめきの感覚がはっきりするようになります。

この「同じカテゴリーのモノ集め」は、最短で片づけるための一番のポイントです。

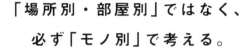

5話

とにかくたたむ、とにかく立てる

洋服山が…
4分の1
くらいに
なりましたね

おかげさまでクロゼットに全部かけられそうです
ハンガーもため込んでますね…
残念ですがハンガーにかけて詰め込むだけではせっかくの「ときめき」は発揮できません
えーっじゃあどうすれば…
洋服の収納方法は2種類あります
かける収納
そしてたたむ収納
私「かける派」
かけたほうがシワにならないし服も傷《いた》まないからいいですよね
ハイ。
もったいない！
千秋さんそれはたたむことの本当の威力を知らないのです
ひーー
「たたむ威力」…!?

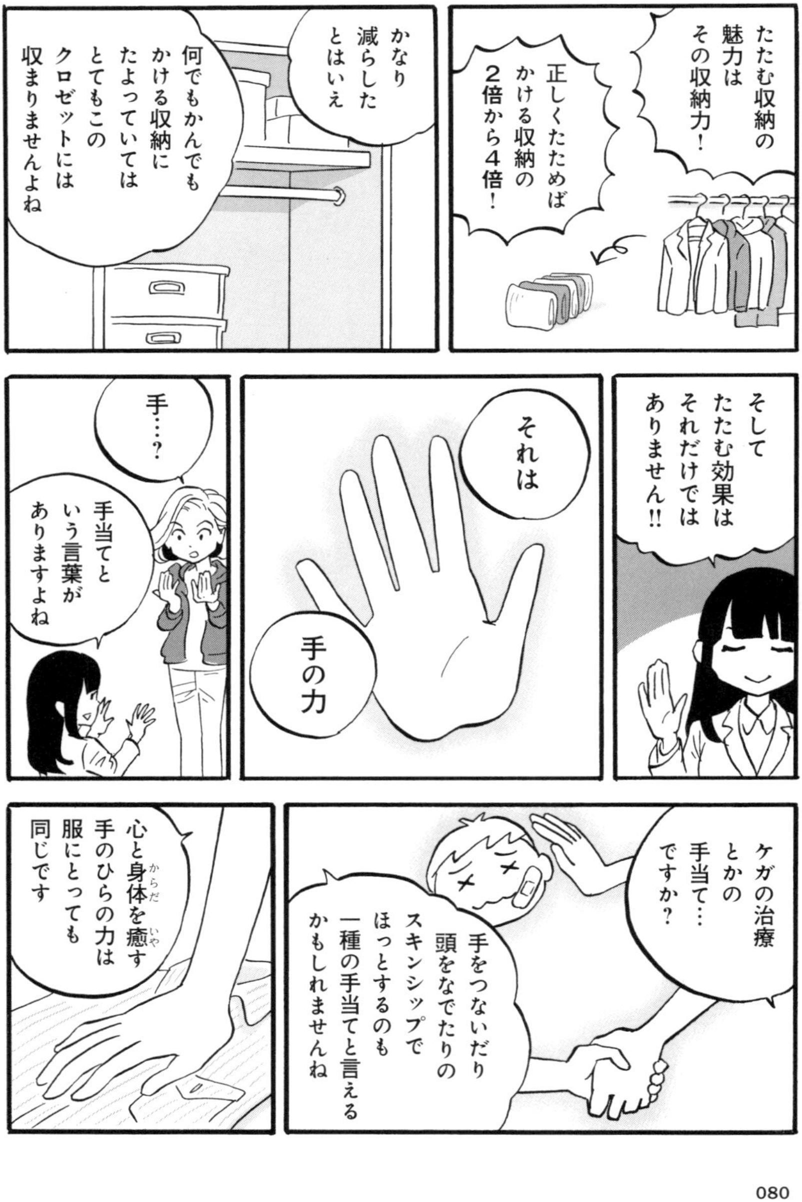
たたむ収納の魅力は その収納力！
正しくたためば かける収納の 2倍から4倍！
かなり減らしたとはいえ
何でもかんでも かける収納に たよっていては とてもこの クロゼットには 収まりませんよね
そして たたむ効果は それだけでは ありません!!
それは
手の力
手…？
手当てと いう言葉が ありますよね
ケガの治療 とかの 手当て… ですか？
手をつないだり 頭をなでたりの スキンシップで ほっとするのも 一種の手当てと言える かもしれませんね
心と身体《からだ》を癒《いや》す 手のひらの力は 服にとっても 同じです

適当に引き出しに
放り込まれている服と
ていねいに
たたんで
収納されている服では
その差は一目瞭然！
張りと輝きが
変わってきますよ
たたむことで
いつも自分を
支えてくれる
洋服をいたわり
愛情を示すと
服が応《こた》えて
くれるんです
たたむと
いうことは
つまり
洋服との
対話なのです
なるほど
いたわり…
愛情…
対話…？
ダメです
私たたむの苦手で
嫌いなんですよ〜！
ご安心を！
そのために
私がいるんです！
今回は徹底的に
たたむレッスンを
しましょう！
正しい洋服の
たたみ方は
1回マスターしたら
毎日使えて楽しくて
しかも一生
役に立ちますよ！

Tシャツのたたみ方
正しいたたみ方のポイントはひとつ!!「できあがりがツルンとしたシンプルな長方形」を目指すこと!
袖を折り返す
1.
2.
3.
4.

5.
ゆとりをつくる
6.
※ここでぴったり
2つ折りにすると
後々きれいな長方形に
なりません
7.
8.
完成!!
ツルンとした長方形!!
こうやって「立てて」収納しましょう!!

ワンピース・スカートのたたみ方
1.
2.
3.
えっ!? スカートもたたむの!?
4.
両端の三角部分をたたんで四角を目指しましょう!!
5.
6.
ゆとりをつくる
7.
完成!

1.
2.
3.
4.
5.
6.
7.
8.
9.
10.
11.
12.
完成!
シワになりませんか？
こんなにたたんで…
シワは多さではなく濃さ!!
立てる収納は服の重みでプレスされないのでシワになりにくいんです
PRESS

靴下・ストッキングのたたみ方
裏返し・・・
結び・・・
収納されている靴下はきちんと休ませてあげましょう。
ゴムが伸ばされて引き出しの中で休めていませんよね。
言われてみれば・・・
1.
重ねる
2.
3.
4.
完成!!

完成!!
6.
1.
ストッキングはくるくる巻きにくるくるくるくるくる
2.
5.
4.
ゆとりをつくる
3.
収納は立てて!!
色別に並べたくなりますね。

ブラジャー・ショーツのたたみ方
下着こそ「ときめき」ですよね〜♡
きゃっ
きゃ
下着好き
1.
ホックをとめる
2.
肩ひもをカップの中に入れる
3.
完成!!
2つ折り厳禁!!
私はブラジャーを"おブラ様"って呼んでます♡
おブラ様!!
VIP!
おブラ様はそっと優しく並べて収納しましょう
宝石箱みたーい♡

おへそ側の飾りが見えるように
完成!
おしり側
1.
2.
3.
4.
5.
6.
ショーツをくるくる巻いて収納
くるくるくるくる
うっとり…
私今までの片づけレッスンで今が一番ときめいています
これが「たたむ」「立てる」「並べる」の効果です!

コートやジャケットはさすがにたたみませんよね…？
そうですね
私の基準としては「風を通すとひらひら揺れて嬉《うれ》しそうな感じのするモノ」
「カチッとしていて折り曲げられるのを拒否しそうなモノ」はハンガーにかけますね
かける収納のコツは同じカテゴリーのモノは隣り合わせに！
これは基本中の基本です
shirt
coat
skirt
え、なになに
そしてここからはこんまり流のとっておきの裏ワザ
それは…
きゅん～♡
「右肩上がりの法則」
です！

右に向かって上昇する線を空中に書いてみてください
心地よいでしょう？
たしかに…ちょっと気持ちも上向きになります
これをクロゼットの収納にも応用するんです
ブラウス
スカート
パンツ
ジャケット
ワンピース
コート
モノは持ち主の気分を敏感に吸収するので
右肩上がりのときめき感をまとった服たちのおかげで
なんだか軽やかな空気が漂ってくるんです
左側に
・丈が長い
・生地が厚い
・色が濃いものを
これがこんまり流「ときめきマジック」！
だまされたと思って並べ替えてみてください

なるほど これを衣替えのたびに 繰り返せば いいんですね
私は衣替えは しませんよ
えっ
目からウロコ!!
冬でもTシャツを 着ることも よくありますし 冷暖房の設備も 整っているし… 衣替えの風習は 無理に行わなくても いいんじゃない でしょうか
持っている服を 把握しやすくて オススメですよ
収納場所に余裕がなければ小物だけの衣替えを
コツは洋服を 分類しすぎないこと コットンぽい服 ウールっぽい服と ざっと素材別に 分けるだけで十分です
じゃあこの 衣装ケースは …
いらなく なりますね
がーん
冬物
夏物
きゅん

右肩上がりの法則か…
きゅん
何ですか人を指さして
いや これは片づけの魔法が…
いつのまに…
片づけの魔法？
あ ごめんなさい ついレッスンで覚えたことしゃべりたくなっちゃって
あの部屋がどれだけ変わるのか楽しみだなぁ
くす
いつか片づいたら招待してくださいよ
きゅん
あれ？今の「きゅん」は何…？
ぜひ…！絶対びっくりさせるから！

**洋服をたたむことは、
自分を支えてくれる洋服をいたわり、
愛情を示す行為です。**

洋服をいちいちたたんで引き出しにしまうなんて、面倒。
できれば全部、ハンガーにかけて済ませたい。
そう思ったあなたは、たたむことの本当の威力を知りません。
洋服の収納の問題は、きちんとたたむことで、実はほとんど解決できます。
そして、洋服をたたむことの本当の価値は、自分の手を使って洋服にさわってあげることで、洋服にエネルギーを注ぐことにあるのです。
「いつも守ってくれてありがとう」と思いながら、心を込めてたたんでみてください。

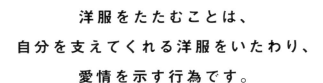

6話

「本類」は読まずにさわるだけで選ぶ

CAFE
じゃあ私はランチセットのパスタでホットコーヒー
MENU
かしこまりました
……あれ？
千秋さん！
今日はお休みですか？

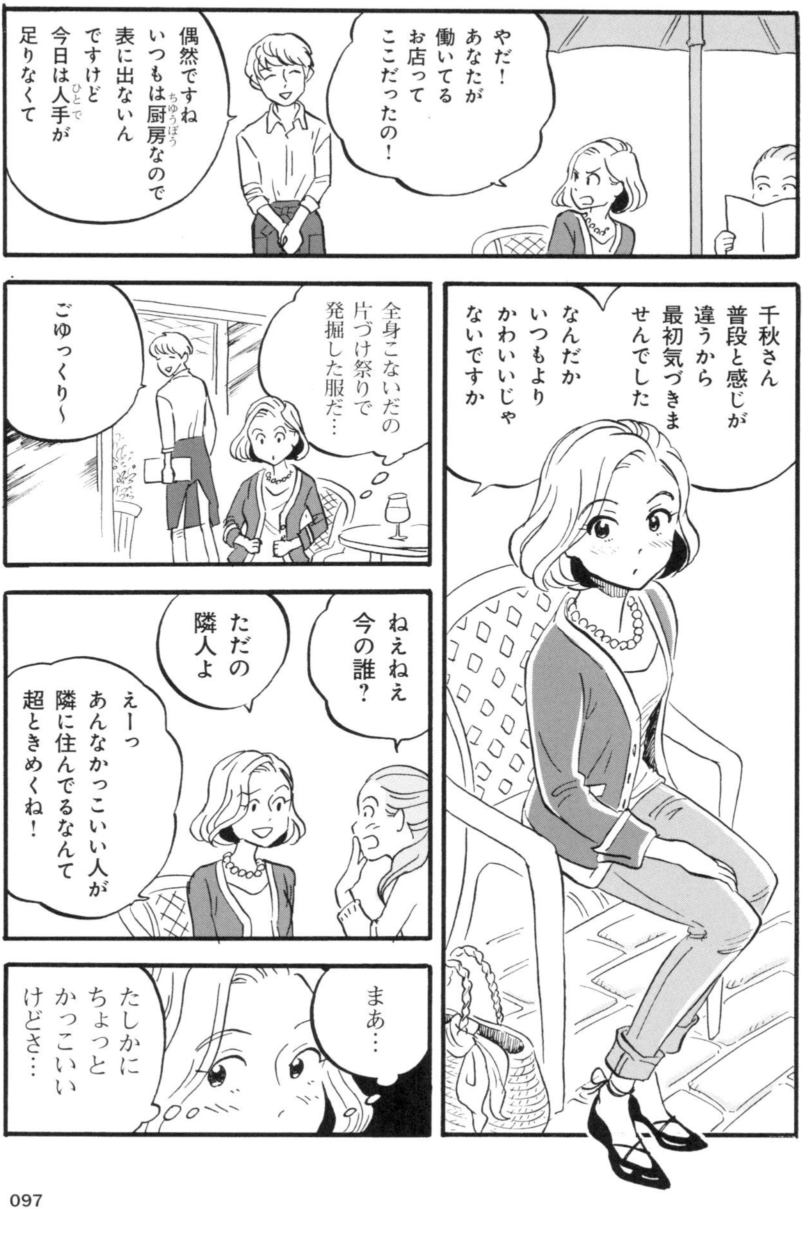
やだ！あなたが働いてるお店ってここだったの！
偶然ですね いつもは厨房《ちゅうぼう》なので表に出ないんですけど今日は人手《ひとで》が足りなくて
千秋さん普段と感じが違うから最初気づきませんでした
なんだかいつもよりかわいいじゃないですか
全身こないだの片づけ祭りで発掘した服だ…
ごゆっくり〜
ねえねえ今の誰？
ただの隣人よ
えーっあんなかっこいい人が隣に住んでるなんて超ときめくね！
まあ…
たしかにちょっとかっこいいけどさ…

「かわいい」…？
かわいいって言われた…？
クロゼットのときめきをまとってるおかげかな
るん
千秋さんかわいい♡
※そこまで言ってない
ただいまー！
がちゃ

リビング
う

寝室
あうう

そうだ…
がく…
まだ服しか片づいてないんだもんね…
今日片づけるモノは何でしょう!?
千秋さんやる気十分ですね!
今日片づけるモノは…
「本」です!

本棚なら寝室に…
ぐい
ま まさか…
はい
服と同様「すべて」「ここに」集めてください
このやり方効率わるくないですか？
本棚に収まっている状態のままではときめくかどうかという判断ができないんですよ
ではちょっと失礼して

ぱんぱん
な 何ですか
本を起こしてあげました
長らく動かされていない「寝ている」本は気配を消しているので残すか捨てるか判断しづらいのです
へえ…？
本を目覚めさせてから選ぶ…？
はい！そしてもちろん

本も服と同様
選ぶ基準は「ときめき」です
ときめくかどうか確認するのは時間かかりそうですね…
めくってはダメです
ぱらぱら
さわったときにときめくかだけ感じてください
読んでしまうとときめくかどうかでなく必要かどうかと判断が鈍ってしまいます
ええっでも…
「本」ですよ!!

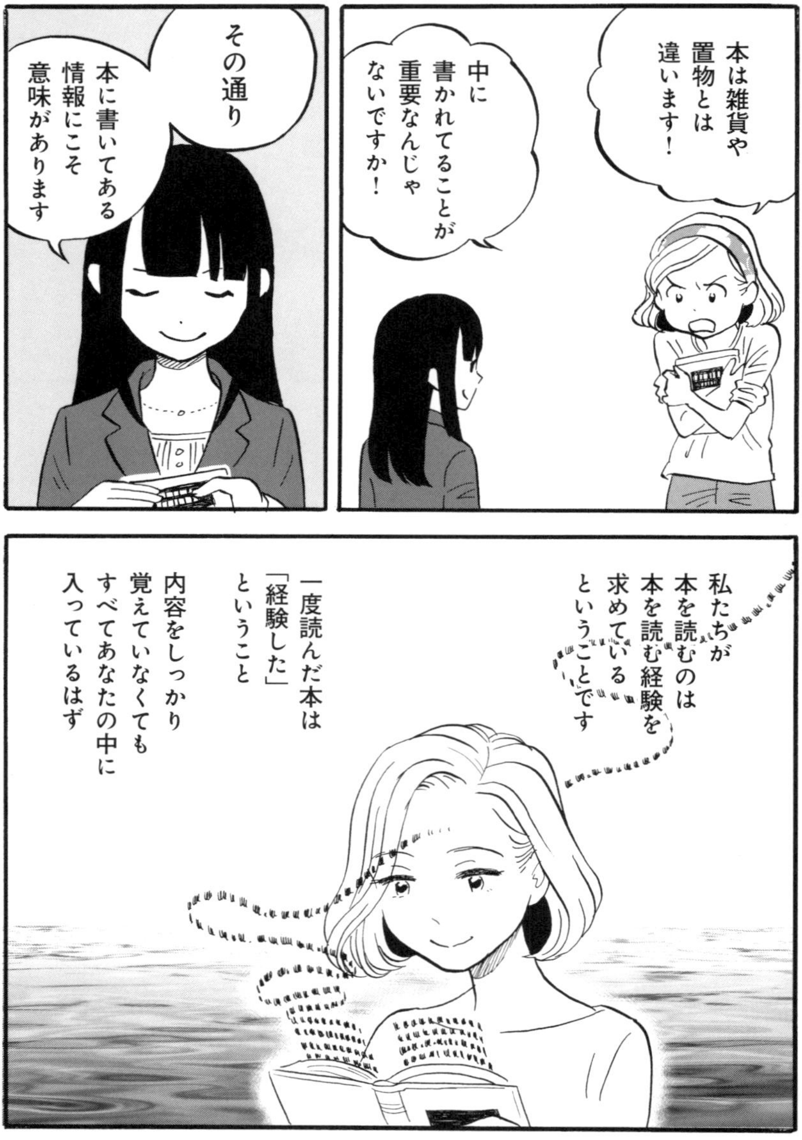
本は雑貨や置物とは違います！
中に書かれてることが重要なんじゃないですか！
その通り
本に書いてある情報にこそ意味があります
私たちが本を読むのは本を読む経験を求めているということです
一度読んだ本は「経験した」ということ
内容をしっかり覚えていなくてもすべてあなたの中に入っているはず

本がぎっしり詰まった図書館のようなお部屋…
本好きにとっては夢のような光景かもしれません
でもその中にはお役目が終わった本もあるのではないでしょうか
自分にとってときめく本だけが並んでいる本棚を想像してみてください
もっともっと夢のようで幸せな気分になりませんか

でも…
でもでも!
く…
もしこんまりさんが自分の著書を捨てられたらイヤでしょう!?
いえ
ときめかないなら迷わず捨ててほしいです
がーん
た…たしかに読んだことある本はそうそう読み返すこともないのでこの際処分してもいいんですが…
こっちは未読の本なのでそもそもときめくかどうかわかりません!
時間ができたらいつか読むのでそれまで保留ということで……
ずいぶん多いですね…
私の経験も含めて断言します!
その「いつか」は永遠に来ません!

人に薦《すす》められた本も
ずっと読もうと
思っていた本も
一度読みどきを
逃がしてしまった本は
この際すっぱり
あきらめましょう
先輩おススメの本
未読
ネットで話題の本
未読
だから
未読の本は
すべて捨てる！
大丈夫です！
ご縁があれば
本はまたやってきます
古書買取
それにしても
いろんな資格を
お持ち
なんですね
簿記3級
FP技能検定
ぜったい受かる
食生活アドバイザー
TOEIC 900
3週間で!!
アロマテラピー検定1・2級
いいえ…
いつか
勉強しようと
思って
ほら
英語とか簿記《ぼき》とか
身についたら
いいな〜と思って…
「思った」だけで
まだ手をつけてない
勉強本は
一度捨ててください
ですよね…

ファイリングすればいいじゃないですか！
気に入ったとこを書き写したり
写真とか絵は切り抜いて……
申し上げにくいのですが…
すべて私の通った道なんです…
そういうファイル作っても見直さないんですよね～
やっぱり本はタイミングが命！出会ったその瞬間が読むべきときなんです
……

何か
あやしい動き
してません？
ささっ
さ
さ
さ
……
ひらり
これだけは
どうしても
捨てられ
ません！

こんまりさんが何と言おうとも
これだけは！これだけは…！
レシピ…？
わーなつかしい感じの写真！
ずいぶん古い料理本ですね…
MixJUICE
子どもの頃この写真のミックスジュースがすごくおいしそうに見えて…
初めて自分ひとりで包丁を持って家族にジュースをふるまったんです
今飲料メーカーに勤めているのもあのときの家族の笑顔が忘れられないからなんですよね

このレシピブックを手放すくらいなら片づけレッスンを中断してでも…
いいですよ残してください
え
どれだけぼろぼろだろうが人に何と言われようが千秋さんにとってバイブルのような本なんですよね
そんな「殿堂入り」の本ならば迷わず残してください!
よ よかったあぁ～
忘れないでください片づけで大事なのは「捨てるモノ」を選ぶことではなく「残すモノ」を選ぶことなんです!
ぎゅ♥

「いつか読むつもり」で
放っておかれている未読の本。
その「いつか」は永遠に来ません。

本棚にあるすべての本を一冊残らず、床に並べてください。一冊一冊手にとり、残すかどうか判断します。

もちろん基準は、「さわったときにときめく」かどうか。

自分にとって大切な「殿堂入りの本」は迷わずとっておき、大事にするとよいでしょう。

また、思いきって、一度、未読の放置本はすべて捨ててみてください。

ときめく本だけを残すようになると、入ってくる情報の質が明らかに変化していきます。

そうすればきっと、減らした分だけ新しい情報が入ってくることを実感できるようになり、「必要な情報は、必要なタイミングでやってくる」という感覚が持てるようになります。

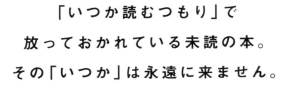

7話

書類は「全捨て」を基本に考える

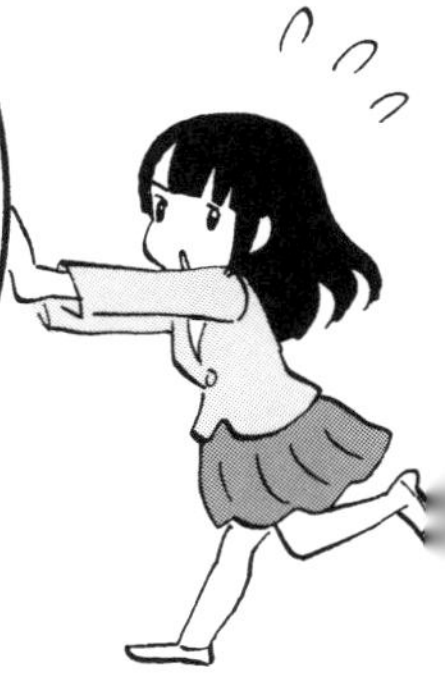

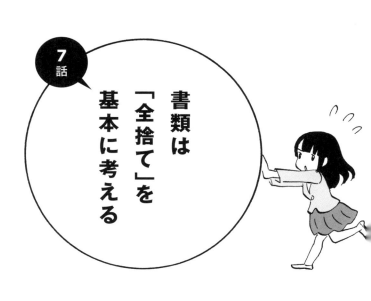

服と本をやっつけましたが
まだまだ部屋が雑然とした印象なのは…

ズバリ
紙ですね
ほっといても日々何かしらの書類が増えていきますよね…
チラシ
DM…
ときめかないので全捨てでいいですかね？
どさ
どさ
契約書とか通帳の文字が見えましたよ…中身はちゃんと確かめてください

まあでも結局
うふふ♡
基本は「全捨て」なんですけどね
ほら やっぱりー
テレビ台の上 テーブルの上 下駄箱の上… ついつい書類を放置しちゃうんですよね
いつのまにか書類がたまっていく・・・吹きだまり・・・ポイントってありますよね
家庭の書類はオフィスに比べて少ないような気がしますが
こうやって集めるとけっこうな量ですよ
シュレッダーフル稼動!!
私が見てきたケースでは15袋も書類ゴミが出てきたこともあります

……
?
あ 手紙は あとあと！
なつかしー
昔のラブレターや 日記は 「思い出品」として 最後に片づけるので 書類には カウントしないで くださいね
さて あきらかに 必要ない書類を 処分したあとは
古新聞
残った書類を どう分類するか ですよね！
チラシ
新規 OPEN
期限ぎれ クーポン
50%
仕事関係 家関係 レシート 説明書 郵便 給与明細 …何個ファイルを 用意すれば いいんでしょうか
3つです

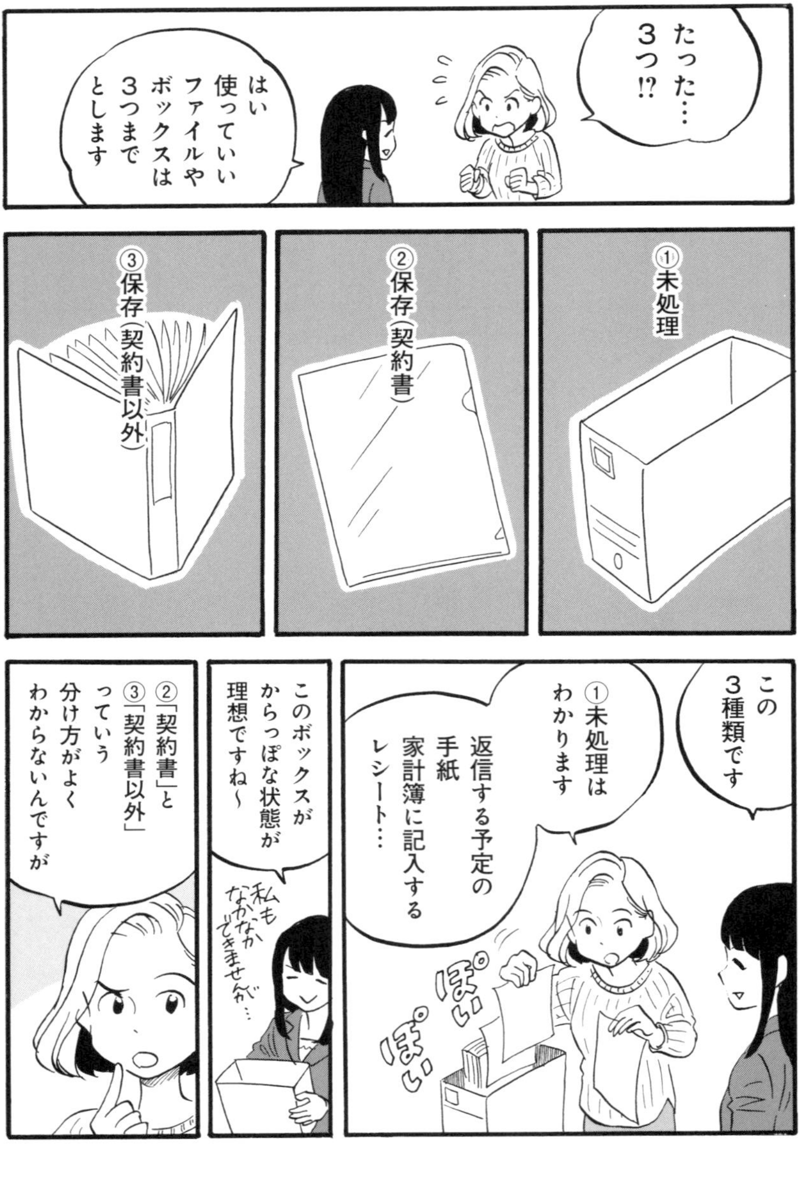
たった…3つ!?
はい 使っていいファイルやボックスは3つまでとします
①未処理
②保存（契約書）
③保存（契約書以外）
この3種類です
①未処理はわかります
返信する予定の手紙
家計簿に記入するレシート…
ぽいぽい
このボックスがからっぽな状態が理想ですね〜
私もなかなかできませんが…
②「契約書」と③「契約書以外」っていう分け方がよくわからないんですが

それは
つまり
「使用頻度《ひんど》」での
分類方法です
使用頻度が
低いモノとは
つまり
②契約関係の書類
賃貸
保険
めったに
取り出さない
でしょ？
保険
証券
賃貸
契約
こういうモノは
まとめて
クリア
ファイルへ！
えー！
簡単！
大事な書類だからって
立派なファイルを
用意する必要は
ないんです
手を抜けるところは
抜きましょう
しっかりした
素材のファイルで
一生保存
するものだと
思ってたのに…
こんなに薄く
なっちゃった！
ぺらっ
さて
③契約書以外と
いうのは…
①②以外の
すべてって
ことです
使用頻度が
そこそこ…
契約書類ほど
ではないけど
しばらく必要で
保存して
おきたいモノ
ですね

ちょくちょく見るためにはブック状のファイルが適してます
見やすい状態になってないと意味がありませんからね
手こずってますね
ここが一番クセモノなんです
書類の整理はここをいかに減らせるかにかかってるのでがんばって！
たとえばセミナー資料なんかはどうでしょう
はい
勉強だけなら書籍でもできるものです
セミナーの本質はその場の空気感とか講師の方の生の声なので資料だけ手元にあっても読み返すことは…
ないですね
カードの明細書や給与明細などはどうしますか？
確定申告がなければ見返すことは…
ないですね
給与明細
あっ！家電の保証書！
ぺらっ
保証書
20XX.X.X

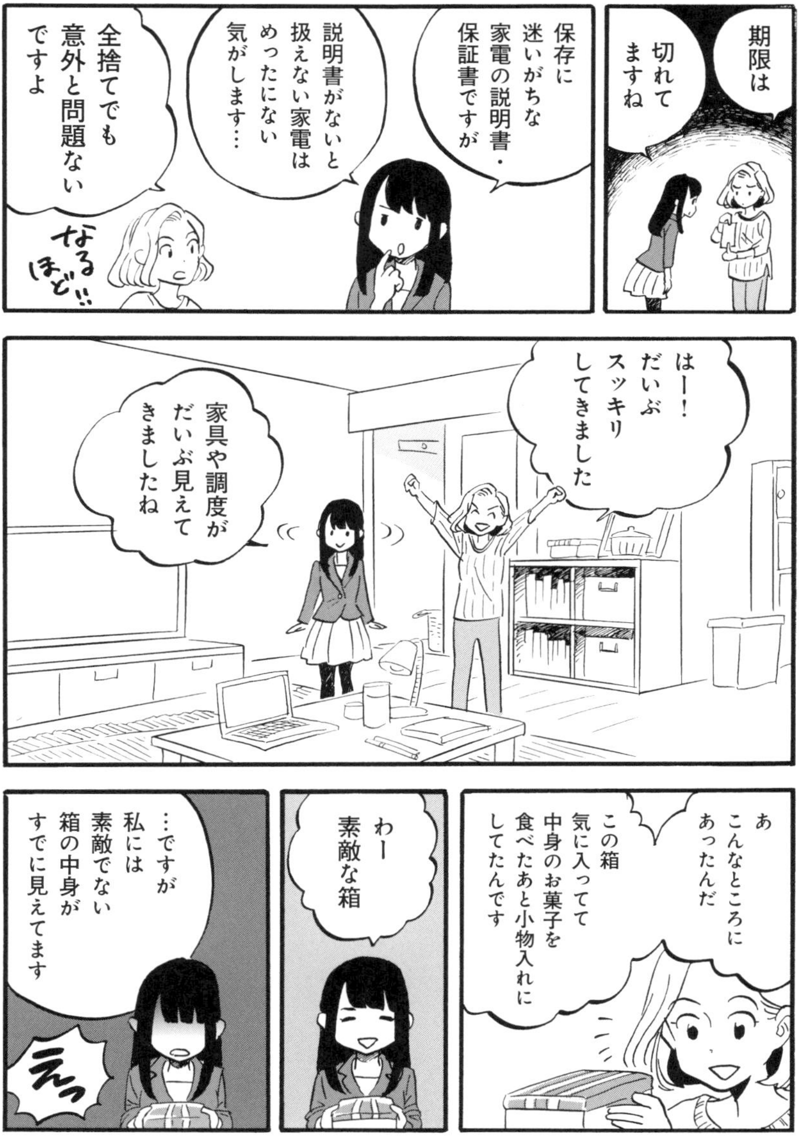
期限は切れてますね
保存に迷いがちな家電の説明書・保証書ですが
説明書がないと扱えない家電はめったにない気がします…
全捨てでも意外と問題ないですよ
なるほど!!
はー!だいぶスッキリしてきました
家具や調度がだいぶ見えてきましたね
あ　こんなところにあったんだ
この箱気に入ってて中身のお菓子を食べたあと小物入れにしてたんです
わー素敵な箱
…ですが私には素敵でない箱の中身がすでに見えてます
えっ

出るわ出るわ「なんとなく」の山
ぱか!
化粧品のサンプル
5ml
（旅行に便利!! …でもいつもらったモノだっけ？）
予備のボタン
だってボタンがとれたら困るでしょ？
（…今まで付け替えたこと？ないですけど）
おみやげで買ったお香
（使ってみたらあんまり好みの香りじゃなかったんだよね）

プレゼントされたキーホルダー
（…つけるとこないなあ）
HOKKAIDO
Hawaii
金閣寺
腕時計を調整したとき出た金具
ノベルティーのふせん
2年前の手帳（未使用）
錆びたヘアピン
余った処方薬
乾電池（使用済み…？）
使いかけの消しゴム（1cm以下）
なんかベタベタするボールペン
ときめかない!!
小銭
ひーふーみ…たくさん出てくるなあ
小銭だって立派なお金なのにお札と比べてひどい扱いだと思いませんか?
これからは片づけの魔法の合言葉…
「小銭を見たら財布にイン!」
この言葉を胸に家の中で泣いている「なんとなく小銭」を救出してあげてください
イン!!

箱の中だけじゃなく
お部屋全体にあふれる
「なんとなく」
こわれた家電
電化製品の外箱
用途不明のコード類
流行してた健康グッズ
SLIM
どこのお宅にもあるんですよね…

客用ふとん
あれ…久しぶりに出したらなんかカビ臭い!?
こんなの使えないよ〜
けほけほ
レンタルできるサービスもありますよ
結局ぜんぶ…
ぜんぶいらないモノだったのか!
ガーーん!

そう
小物類って
「なんとなく」とっておかれて
「なんとなく」収納されて
「なんとなく」たまってしまう
モノなのです
「なんとなく」な
生活とは
このへんで
きっぱりおさらば
です！
うう…
なんて
なんとなく
生きてきた
人生なんだ…
見てると
だんだん
腹立って
きた…
いえいえ
これらも
千秋さんの人生を
支えてきた大切な
一部分です
ひとつひとつ
さわってあげて
お別れしましょう

衣類でもない
書類でもない
「小物類」の片づけは
たしかに
カテゴリーも多く
複雑そうですが
この手順に
そっていけば
必ず終わりは
やってきます！
CD・DVD用品
スキンケア用品
メイク用品
アクセサリー
貴重品
機械類
生活用品
キッチン
その他
このほかに
個人的な趣味のモノが
ある場合
ぜんぶひっくるめて
ひとつのカテゴリー
「趣味」として
いっぺんに
整理してください
趣味の……
モノ……？
どさっ

そうでした
千秋さんって
多趣味な方
でしたよね

茶道具は
大学の先輩の
ご実家が家元で
気に入られようと…
スキーは
カナダ出身の
留学生ケビンが
手取り足取り…
あ
スノボは
違う人です

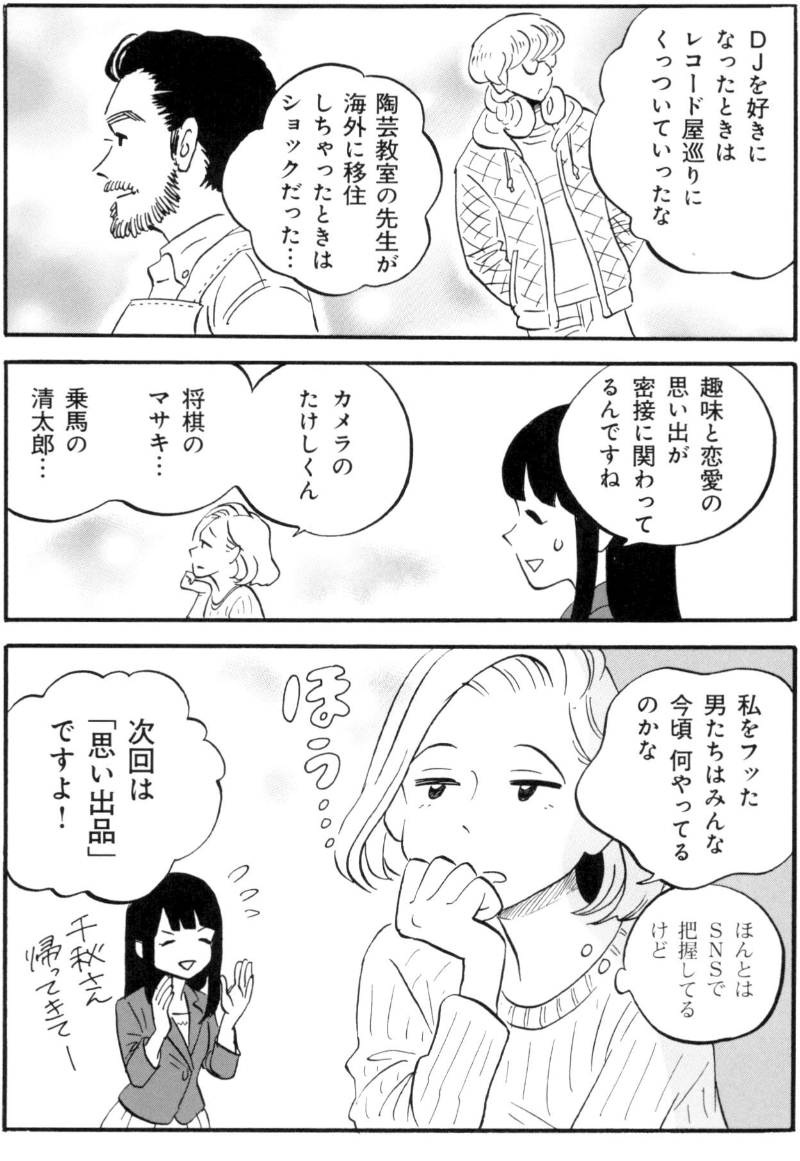
DJを好きになったときはレコード屋巡りにくっついていったな
陶芸教室の先生が海外に移住しちゃったときはショックだった…
趣味と恋愛の思い出が密接に関わってるんですね
カメラのたけしくん
将棋のマサキ…
乗馬の清太郎…
私をフッた男たちはみんな今頃 何やってるのかな
ほんとはSNSで把握してるけど
ほう
次回は「思い出品」ですよ!
千秋さん帰ってきてー

書類は「全捨て」が基本です。
残すのは、この先の使用用途が
はっきり言える書類のみ。

「今使っている」「しばらく必要」「ずっととっておく」

この3つに該当しないモノは、すべて捨ててしまいましょう。

返信する予定の手紙や振り込みが必要な請求書など、処理をしなければいけない書類をとりあえず「未処理ボックス」に入れます。

いつのまにかけっこうな量がたまりがちな「未処理ボックス」は「片をつける日」をつくって、一気に処理してください。

未処理が残っている「モヤモヤ感」は予想以上に気になるもの。

さっさと片づけてしまったほうが、絶対に気が楽なのです。

8話

「思い出品」は最後に片づける

茶道部
入部希望？
はいっ
千秋 16歳
隣の映研入部希望
千秋ちゃんいつも熱心だね
はい！あの…今週末も茶道具を見に行こうと思うんですがよかったら先輩お見立てしてもらえませんか
週末は彼女と約束があるからなあ
がーん
彼女 彼女 彼女…

千秋 19歳
Great!
すごい上達っぷりじゃないか
ケビンの教え方がうまいのよ
来年はカナダで滑《すべ》ろうよ
え♡
僕の婚約者《フィアンセ》が別荘を持っているんだ
がーん
フィアンセ フィアンセ フィアンセ…
今度僕の結婚パーティでDJやってくれない?
千秋 22歳
結婚 結婚 結婚
がーん
千秋 24歳
がーん
既婚者 既婚者…
…さん 千秋さん!

千秋さーん！
ぽ～
ぱっ
ぱん
ぱん
さあさあ趣味のモノを片づけていきますよ
はいっ
ときめきますか？
こっこれは……！
何に使う道具でしょう？
？
私に聞かれても……
あ！思い出した！陶芸の道具です
仕上げゴテ
陶芸一式は思いきって処分します
あ

初めて作った器だ
失敗作だ～と思ってたんですけど味があっていいかも
花でも活けようかな
ときめくってことですね
さて残すと決めた趣味のモノですが
音楽系
スポーツ系
習い事系
レジャー系習い事系など大きなカテゴリーでまとめて収納しましょう
使用頻度《ひんど》が低いモノはゴミ化しないように
お気に入りの袋に入れておきましょうね
さて

衣類・本・書類・小物・趣味のモノ…
千秋さんはここまで順調に進んできました
いよいよ最後の難関…
ギギギギ…
思い出品です
大丈夫
千秋さんのときめき感度レベルは今史上最強です

ここまで膨大なモノと向き合って片づけをがんばってこれたんです
思い出に飲み込まれることなく自分の判断ができるはずです
まずは中学時代のセーラー服…
センパイ
千秋 14歳
第2ボタンをください!
ごめん残ってないからシャツのボタンでもいい?
がーん
はいはーい現実に帰ってきてください
ホントに恋多き女ですねー

学校系の思い出ですね
ポケットから好きだったY君のボタンがっ
キャー♡
いっそのこと制服は着てみてどっぷり思い出にひたってください
う…さすがにきつい……
卒業証書は小中高大1本の筒にまとめるのがオススメです
鍵つきの日記帳――
DIARY
初めてのひとり暮らし――
『おはよう新しいジブン……
将来に膨らむ期待
セカイは
このノートのように
白…ジブンを
めてまだ見たこ
ない景色を
意気込み
…がなぜかぜんぶポエム調で書いてある

手帳や日記…
人生の記録を残すならいつでも振り返れる状態にしましょう
スケジュール帳は最高にときめく年のものだけ残す!
ちら
いや〜〜〜
「自分が亡くなったあと見られたら恥ずかしい日記は捨てる」という基準にしてみるのもいいかもしれません
いくよ〜
カシャ
いてっ

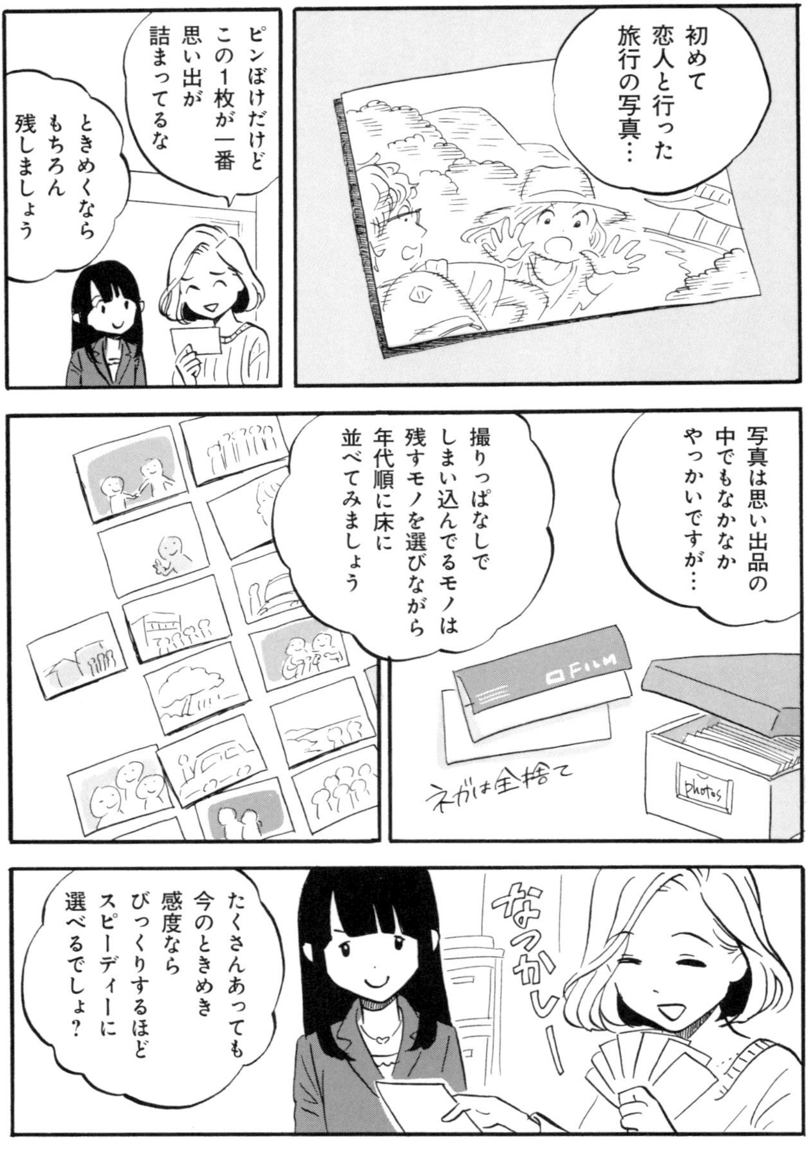
初めて恋人と行った旅行の写真…
ピンぼけだけどこの1枚が一番思い出が詰まってるな
ときめくならもちろん残しましょう
写真は思い出品の中でもなかなかやっかいですが…
撮りっぱなしでしまい込んでるモノは残すモノを選びながら年代順に床に並べてみましょう
FILM
ネガは全捨て
photos
なつかしー
たくさんあっても今のときめき感度ならびっくりするほどスピーディーに選べるでしょ?

でも写真って捨てづらいですよね…
それはたぶん「目」ですね
目？
ぬいぐるみなんかでもそうですが視線を感じると捨てにくいものです
そんなときは布で覆《おお》ったり
写真は中表にしたり透けない紙袋に入れたりするとぐっとお別れしやすくなります
捨てにくいものは供養《くよう》するような気持ちで粗塩《あらじお》を少し入れるのもいいですよ
ぱらぱら
思い出品といえば…
そういえばこれも昔の恋人にもらったネックレスだ
こういうのも処分したほうがいいんでしょうか

ほっ
思い出と意識せず日常的に使っているようなら捨てることはありません
じゃあ必要ない思い出品はこの箱に…
ストップ！
もしかして
その箱ごとご実家に送る気では…？
ぎく
それは絶っ対にしてはいけません
ご実家に送られたら最後二度とその箱は開かれません
ときめきのない家が1軒増えるだけです！
はぁい
さあ残すモノ捨てるモノ分けられましたね！

あれ？
この絵は…？
……
千秋

今いい顔
そのまま動かないで
千秋 20歳
え
今？急に言われても
美大生だった彼の部屋
動くなってば!!
足つった〜
あなたの前でしか見せない顔
2人の時間

全部
ここにある
To. chiaki
From. K
この字
To. chiaki
To. chiaki
旅に出ます
僕のことは
忘れて下さい。
From. K
あのときの書き置きとおんなじだ…

昔の恋を忘れられないからと残していては新たな出会いが…
わかってます
こんな絵とってあるから恋愛運だだ下がりなんですよね
捨てます
ゴミ
可燃
不燃
さ…
じゃり…

さよなら
私の思い出！
だっ
ぴた
ダメだ
これを
捨てるなんて
過去の
思い出より
今の自分の
人生を大事に！
うう…
今まで
ありがとう！
だっ
…決心が
つかない〜
いいもん
どうせ
私なんて
恋愛失敗して
ばかりだし
これからも
きっと…
あれ？

今週も
大量に
捨ててますね
なんか
テイストも
ジャンルも
ばらばらですね
あはは
言われなくても
わかってるわよ！
なんとなく流されて
生きてきたん
だもん
ほっと
いてよ！
結局
捨てそびれ
ちゃった

To. Chiaki
From. K
「流されて生きてきた」か…
相手のことを知りたくて何でも真似してみたり
相手の興味のあることで自分のまわりをかためてみたり
だって好きな人が自分のことを好きと思ってくれる時間は
本当に本当に幸せだったから
……

ちゅん
ちゅん
絵を抱いたまま寝ちゃった
おかげでひと晩かけてあの頃のことを見つめ直せたみたい
あの頃だけじゃない
私いつも付け焼き刃で相手に近づけたつもりになってたんだな
そんなの本気の趣味人に逃げられて当然だ
でも楽しい恋の瞬間もたしかにあった
思い出させてくれてありがとう

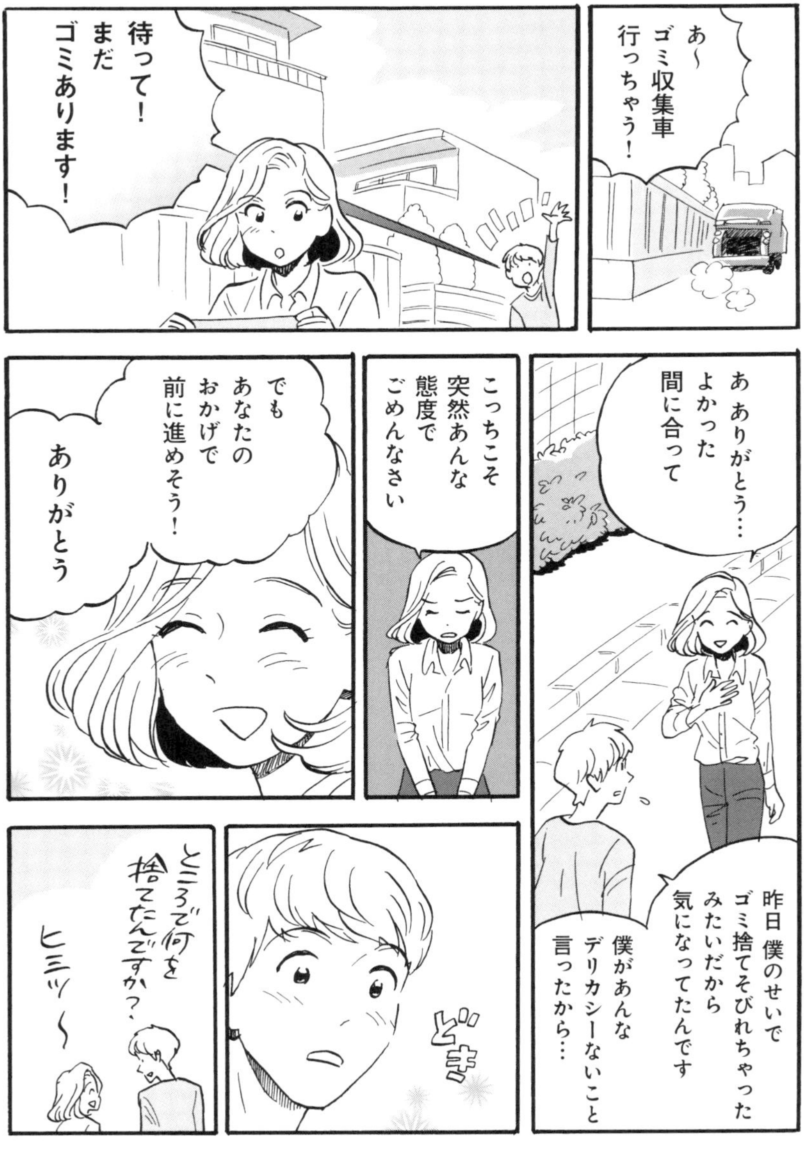
あ〜
ゴミ収集車
行っちゃう!
待って!
まだ
ゴミあります!
ああありがとう…
よかった
間に合って
昨日僕のせいで
ゴミ捨てそびれちゃった
みたいだから
気になってたんです
僕があんな
デリカシーないこと
言ったから…
こっちこそ
突然あんな
態度で
ごめんなさい
でも
あなたの
おかげで
前に進めそう!
ありがとう
どき
ところで何を
捨てたんですか?
ヒミツ〜

私たちが生きているのは「今」。
過去の思い出よりも、
今の自分を大切にしよう。

思い出がいっぱい詰まっている「かつてときめいたモノたち」。
それらを捨てると、大事な思い出さえも忘れてしまうような気がするかもしれませんが、違います。本当に大事にしている思い出は、思い出品を捨ててもけっして忘れることはないのです。
大切なのは、過去の思い出ではありません。その過去の経験を経て存在している、今の私たち自身が一番大事なのです。
空間は、過去の自分ではなく、未来の自分のために使うべきなのです。

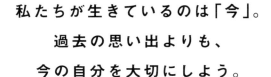

9話

「あるべき場所」にモノを収める

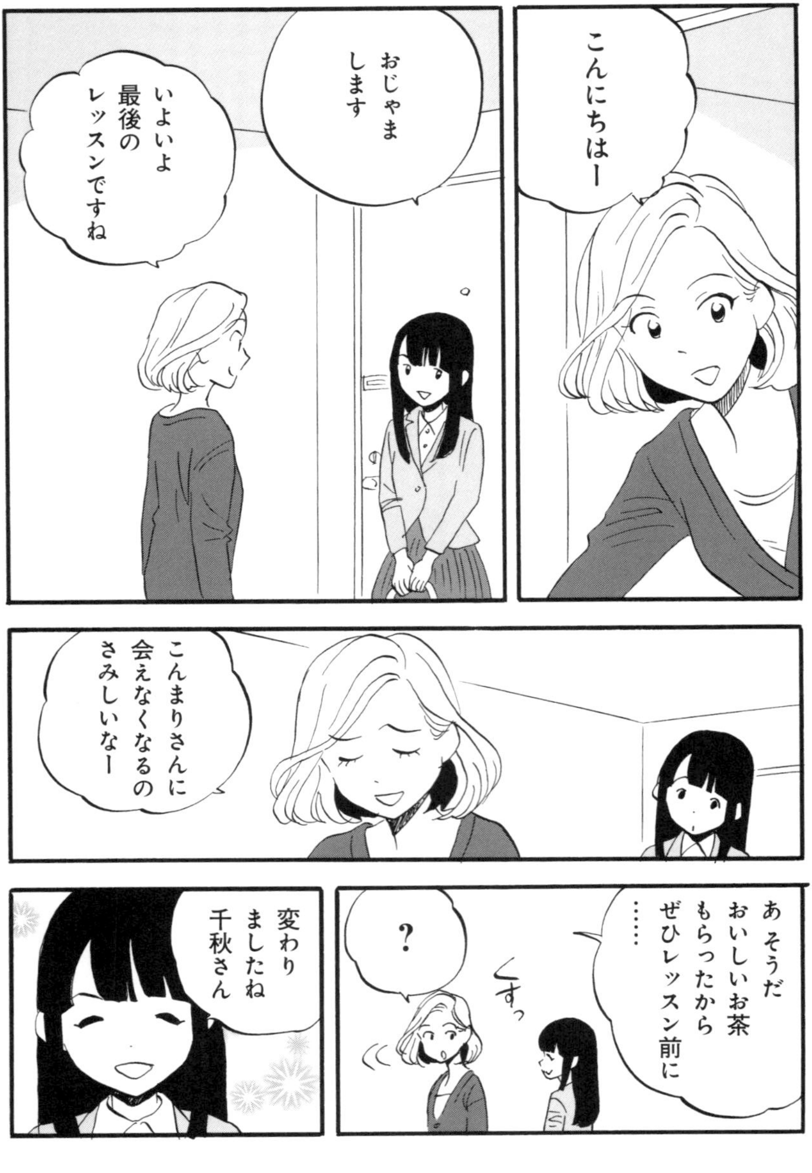
こんにちはー
おじゃまします
いよいよ最後のレッスンですね
こんまりさんに会えなくなるのさみしいなー
あ そうだ おいしいお茶もらったからぜひレッスン前に……
?
くすっ
変わりましたね千秋さん

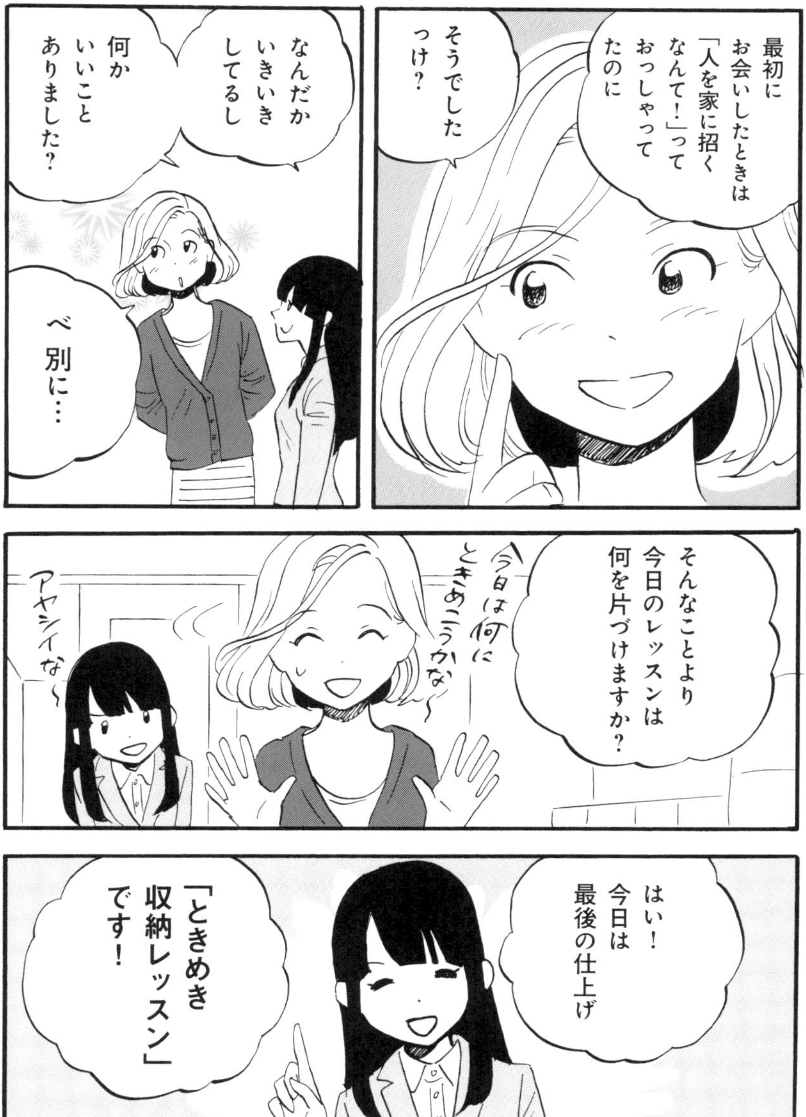

最初にお会いしたときは「人を家に招くなんて！」っておっしゃってたのに
そうでしたっけ？
なんだかいきいきしてるし
何かいいことありました？
べ 別に…
そんなことより今日のレッスンは何を片づけますか？
今日は何にときめこうかな～
アヤシイな～
はい！今日は最後の仕上げ
「ときめき収納レッスン」です！

いよいよ収納ですね！
それではどんどんいきましょう
これまでの片づけで千秋さんの家にはときめくモノだけが残りました
あとはそれぞれを定位置に収めていきます
収納…
はい！今何か収納用品を買おうなんて思いませんでしたか？
収納
ドキ！
そういうインテリアを考えるのは楽しいですが
まずは家に備わってる収納を最大限活用するのが優先です
収納は限界までシンプルにして自分が持っているモノを把握する
これが片づいたお部屋をキープする収納法の極意《ごくい》です

定位置っていうのは使う場所に置けばいいってことですか？
それはつまり「行動動線」ですね
帽子脱いで
バッグ置いて
アクセサリーはずして
行動動線は無視してください
じゃあ何を基準に定位置を決めれば…
私がオススメする収納のつくり方はとっても単純
同じカテゴリーのモノを1か所に収納する！以上です
同じカテゴリー？
帽子とバッグとアクセサリーは一緒に!!
実はこれは残すモノを選んだときと一緒です
つまり衣類・本・書類・小物・思い出品…？
正解！
Hand Cream
小物
衣類
本
書類

同じカテゴリーのモノは分散させず1か所に収納します
「洋服」カテゴリーはクロゼット
帽子・バッグ・アクセサリー
台所用品は当然全部キッチンだとして…
ホットプレートとかミキサーってしまう場所に迷うなあ
使うときは明確な目的があるので「出す手間」はあんまり気にならないものです
散らかってしまう原因は「しまう手間」が面倒くさいか「しまう場所」がわからないかのどちらかです
その点に気をつけて定位置を見極めてください
調味料なんかも同じです
定位置がちゃんと決まっていればシンクの上や調理台にずらっと並べなくても調理中にさっと使えてさっと戻せますよ

収納の基本は「立てる」！
ぴっ
理由は2つ
まず積む収納は際限なくモノが増えてしまうからです
立てると一定量で限界がくるのでモノが増えすぎたと気づけるのです
そしてもうひとつ積むと下のモノがつらいからです
つらい…？
下敷きになったモノは弱って存在感がなくなりいつしかときめかなくなってしまいますよ
そういえば下のほうにしまった洋服ってどんどん着なくなるなー
しわしわ〜
立てる
立てる
立てる…
あタオルは立てなくても大丈夫ですよ
文房具!!
スキンケア!!
タオル!!
タオルは選んで使うより順番に使うのが一般的ですし
毎日どんどん使うので重なった状態が比較的短いので！
上から使う
下から足して

立てる収納って何か入れ物がいりますよね
オススメの収納グッズってありますか？
わくわく
私が圧倒的によく使うのは…
これです！
え…これって靴の空き箱…？
はい！「大きさ」「素材」「丈夫さ」「手軽さ」「ときめき度」すべて合格！
ここまで優秀な収納グッズはなかなかないですよ
布巾《ふきん》を立てて収納するのに使えるかな
うーん
いいえまだまだ！

こんなにいろいろ使えますよ！
ストッキング
洗面所のストック
フタはトレーのように
もちろん絶対靴の箱じゃないといけないなんてことはありませんが
片づけ中に今家にあるモノを活用するので十分です
丸や変形の箱より四角いほうがいいかな
中途半端に間に合わせの収納用品を買わずに片づけがすべて終わったら自分好みの収納用品を探してください
「なんとなく」の買い物をしないってことですね

エコバッグもたたんで立てたら靴箱にぴったり！
意外とたまりがち…
でも…バッグ置き場がいっぱいだな…
大丈夫 バッグ・イン・バッグです
バッグの中にバッグを…？
ああそっかバッグの中も「収納場所」になる！
これなら中のバッグが詰め物がわりになって立てて収納もしやすくなります
あ 探してたハンドクリームここに入ってたのか！
バッグの中は毎日空《から》にしましょう
え〜ちょっと面倒くさい…
簡単です！「毎日持ち歩くモノ置き場」をつくればいいんですよ
鍵
社員証
メイクポーチ
ちなみにお財布はVIP扱いですよ
お財布を大切にするとお金の使い方も変わってくるんです
領収書やレシートを抜いて…
きれいな箱に

これを立てて あれをつめて…
…こんまりさんって
捨てさせるプロかと思ってましたが
収納のプロでもあるんですね
というより収納オタクだったんです
えへへ
それもかなり年季《ねんき》の入った…
私は3人きょうだいの真ん中です
母は幼い妹の世話にかかりきり 兄はテレビゲームに夢中…
家でひとりで過ごす私の楽しみは――

主婦向けの生活雑誌を読むことでした
Shufu
特集 今度こそ片づける
収納のコツ55
小学校にあがる頃には教室の本棚の本を並べ替えたり
掃除用具入れの収納にダメ出しをしたり――
中学校にあがったらますます本格的に片づけに目覚め
ぽい
ぽいっ
今までの自分はいらないモノをため込みすぎてる…!
数時間で一変した部屋の景色に雷に打たれたような衝撃を受けました
片づけって私が考えてた以上にものすごい行為なのでは…
それで片づけを究《きわ》めて今に至るわけですね
でもここにくるまでは試行錯誤の連続でした

失敗もたくさんしましたし
高校生のときは片づけノイローゼで倒れてしまいました
片づけ…ノイローゼ!?
とにかく「何を捨てるか」「いかに捨てるか」
何か捨てられるモノ
ないか
かつての私は「捨てるマシーン」でした
でも
捨てたら部屋がきれいになるはずなのに
なんだかいつまでたっても雑然としてるのです
くら…
なんでなんでこんなに捨ててるのに…

もう片づけしたくない
ぐったり……
そのときふと部屋の中で
モノをもっとよく見なさい
という声が響いた気がしました
モノ…毎日捨てるモノ見てるってば
はっ

違う！
この部屋に
今あるのは
捨てるモノ
じゃなくて
残すモノだ！
私は
家の中で
「邪魔者」を
探すばかりで
いらないモノ～～
余計なモノ～～
本当に大切にすべき
「残すモノ」に
ぜんぜん意識が
いってなかったんです
それじゃあ
いつまでたっても
居心地のいい部屋に
ならないわけです
残すモノ…
つまり
「ときめくモノ」
ですね！
そう
ときめきに
気づいて
私の片づけ術が
完成したんです
そしてここが
千秋さんの
ときめくモノだけに
囲まれた——

ときめく部屋ですね！
お部屋と身体《からだ》はつながっています
居心地の悪い部屋では高校生の私のようにぐったり疲れるだけです

今この部屋にいる
千秋さんはきっと
お部屋と同様に
きらきらしてると
思います

本来あるべき場所に、モノを収める。
収納とはいわば、
「モノのおうち」を決めることです。

私たちが意識していてもいなくても、モノは本当に毎日、持ち主を支えるためにそれぞれの役割を全うしています。

私たちが1日働いて、自分の家に帰ってホッとするのと同じように、モノだって、自分のいつもの場所に帰ってくれれば安心します。

毎日同じ場所に帰ってこられる安心感があることは、モノにとっても大切なこと。

だから、ちゃんと定位置があって、そこに戻されて休めているモノたちは、輝きが違います。

モノは大切に扱われれば、必ず持ち主に応《こた》えてくれるのです。

10話

本当の人生は、片づけたあとに始まる

見違えましたね

…ほんとに
ここ
私の部屋
ですよね？
どんな気分
ですか？
それはもう!!
ときめき
MAXです!!
カーペットも
家具もカップも
お店で
「わー♡」と思って
選んだときの気分が
よみがえりました
部屋にいると
わくわくするのは
もちろんですが
……
この部屋から
出かけるのも
この部屋に
帰ってくるのも
楽しくなりそう

片づけ
コンサルタント
として
何人ものお客様の
片づけを
目の当たりに
してきましたが
やっぱり
毎回感動して
しまいます
どんなお部屋に住んで
どんなモノに
囲まれてるかは
人それぞれなのに
皆さんもれなく
人生がドラマチックに
変わっていくんです
それはやはり
「片づけの魔法」
としか
言いようが
ありません

これまでのお客様にも大量の名刺を整理・処分したとたん不思議と新しい出会いがあって大きなビジネスに成功した方や
書棚を片づけた結果自分が本当にやりたいことを思い出して転職した方などもいらっしゃいます
それってなんだか…過去に囚《とら》われて前に進めなかったってことなんでしょうか
千秋さん鋭い！その通りです
モノが捨てられない原因を突き詰めていくと結局…
「過去への執着」
「未来への不安」

この2つだけなんです
!
ものすごく身に覚えがある感覚…
過去は気になるし…
未来は不安…
もちろん誰しも抱えていて当然の気持ちです
私もすごーく
わかります…
でも「過去への執着」「未来への不安」この2つに囚われすぎているとき
イコール
モノが捨てられない状態のときというのは今自分にとって
いらないけど記念にとっておくか…
いつか使うかもしれないからしまっとこ…
何が必要か
何があれば満たされるのか
何を求めているのかが見えていない状態なんです

そんな状態のときは実はモノの持ち方だけではなく人とのつきあい方や仕事の選び方などすべての選択基準が揺らいでいると言えます
たとえば未来に対する不安が大きい人は 恋人を選ぶとき「この人が好き!」だからではなく「この人とつきあっておけばおトクかも」「この人と別れたら次はないかも」という理由で一緒に過ごしてしまったり…
未来への不安
過去に対する執着が大きい人は「2年前に別れた恋人が忘れられない」といってなかなか次の恋愛に踏み出せなかったりといったケースがあるようです
そんな状態に向き合って抜け出す手段が片づけ…

私もなんとなくで
済ましていたり
見ないふりを
してきたことに
この片づけで
とことん
向き合うことが
できました
自分が大切に
してきたことや
やりたいこと
思っていたこと…
遠くに探しにいったり
新しく買わなくても
全部この部屋に
詰まってたんですね
正直最初は
「ときめき」を
基準に片づける
なんて
不安でした
あはは
「どんな
乙女チックな
部屋に
なっちゃうの?」
って?
ときめきは
その人だけの
大切な基準です
片づけレッスンで
私が与えられる
わけでは
ないんです

千秋さんのように自分のときめきポイントにはっきり気づいた人は
小さな自信が生まれます
自分の未来が信頼できるようになります
いろんなことがうまくまわるようになります
出会う人が変わります
いい意味で予想外のことが起きます
変化が早くなります

たったこれだけのことで人生が間違いなく変わっちゃいますね
でしょ!
ときめきの右肩上がりっ
きゅん
きゅん
ピンポーン
りんご
あのっ
これ うちの田舎《いなか》から送られてきたんですけど ひとりじゃ食べきれないから よかったら…
わ!!
立派な野菜!!

あ もしかして「片づけレッスン」中でしたか
いえいえ もう失礼するところです
この人が妖精さん？
も〜やめてよ!!
いよいよレッスン卒業らしいですね
はい！ でもレッスンは終了しましたが
千秋さん 本当の人生は片づけたあとに始まりますよ
きゅん？
？
もうっ こんまりさん!!

こんまりさんの言う「本当の人生」が始まりました
朝ごはんが楽しみですっかり早起きになっちゃった
今日もいい天気になりそう
ドレッサーまわりが片づいて
今日は代理店とミーティングあるからきりっとめ
会社に行くときも「とりあえず」…じゃないメイクをするようになったなあ

おはようございます！
あの資料がない〜
デスクまわりをスッキリさせて退社するようにしたら…
午前中の仕事がはかどる〜
えーと…どこまでやったっけ？？
自分に余裕があると部署内の人の動きもよくわかるな
息抜きにランチどう？
センパ〜イ
最近 調子いいじゃない 次の企画も期待してるよ
はい！

よかった〜 買い物 間に合った
お嬢さん 今なら エビも おまけ しちゃうよ
うーん 食べきれるかな
大丈夫大丈夫 彼氏さんに たくさん 食べてもらいな！
やだっ
そんなんじゃ ないです！
私はただ おすそわけの お礼に招待する だけで…！
ばしっ
ばしっ
いてっ

ただいま
部屋に向かいながら
郵便物をチェックして
いらないDMは
すぐゴミ箱へ
税金の書類が
届いてたので
未処理BOXへ
やかんを火にかけたあと
バッグの中を
空《から》にしたら
ついでに
レシートも
ゴミ箱へ
メイク…は
落とさない
今日は軽く
直すだけ
部屋着に着替えたら
ちょうどお湯が沸いたので
食事の支度の前に
紅茶でひと息
ここまで5分!!
しゅたっ

よし！
おもてなしの準備完了！
あとはキッチンを片づけてと
おっと
ばさっ
COOK
RECIPE BOOK
もう少し時間があればこのレシピブックのデザートも作りたかったな
せっかくりんごもらったし
アップルパイ
ピンポーン

こんばんは
お招きにあずかりまして
カチャ
どうぞどうぞ
散らか…ってないけど！
ほ
ほんとに…
ほんとに1か月前と同じ部屋!?
もちろん！これが片づけレッスンの成果よ！

どう？
見直した？
うん！
いいね！
かっこよくて
魅力的で…
すごく千秋さんらしい
部屋だと思う
きゅん
あ、いや…
隣なんだから
言ってくれれば
僕も何か助けに
なれたのに…！
大変だった
でしょう
いいのいいの
自分で
片づけないと
意味ないし
さ、
座って
座って
あ
そうだ
これおみやげ
あ
ありがと
何だろ…

これ 今朝
僕が焼いた
アップルパイ
実家でも
よく作ってた
思い出の味で…
気に入って
くれると
嬉《うれ》しいな
…!!
うん!
すっごく
ときめきます!

END

あとがき

私は片づけコンサルタントとして、片づけを通してたくさんのお客様の人生がときめいていく様子を見てきました。

仕事、恋愛、人間関係……。片づけの魔法は、人生のあらゆる場面に効果を発揮します。

今よりももっと、人生をときめかせたい。そう思ったら、このマンガの通りに片づけを始めてみてください。その効果は、きっとあなたが思っているよりずっと素晴らしいはずです。

片づけで、あなたの毎日にたくさんのときめきが訪れますように。

近藤麻理恵（こんまり）

「片づけを教わったことがなければ、片づけ方がわからなくて当然」

こんまりさんの著作のそんな言葉に、片づけが苦手な私はびっくりすると同時に勇気づけられました。

読者のみなさんもこの本でこんまりさんに片づけ方を教わりましょう！

ウラモトユウコ

近藤麻理恵 [konmari]
片づけコンサルタント。幼稚園年長から「ESSE」や「オレンジページ」等の主婦雑誌を愛読。掃除・片づけ・料理・裁縫などの家事をこよなく愛し、「花嫁修業」的な小学生時代を送る。中学3年のときに本格的に片づけ研究を始め、大学2年のとき、コンサルティング業務を開始。「こんまり流ときめき整理収納法(こんまりメソッド™)」を編み出す。「一度習えば、二度と散らからない」ことが評判となり、口コミだけで顧客を広げ、卒業生のリバウンド率ゼロが話題に。2011年、初めて書いた本『人生がときめく片づけの魔法』がミリオンセラーとなる。同書は現在、海外41か国で刊行が決定し、なかでも英語版『The Life-Changing Magic of Tidying Up』は、アメリカで270万部突破の大ベストセラーとなり、「kondo」が片づけるという意味の動詞で使われるなど、社会現象に。シリーズ続刊『人生がときめく片づけの魔法2』『毎日がときめく片づけの魔法』『イラストでときめく片づけの魔法』も好評を博す。世界でシリーズ累計700万部を突破。2015年、米「TIME」誌が選ぶ「世界で最も影響力のある100人」に選出され、大きな話題を呼んだ。
●片づけレッスン・講座のお問い合わせ先
一般社団法人日本ときめき片づけ協会 http://tokimeki-kataduke.com/

ウラモトユウコ
漫画家。福岡県出身。2011年、集英社「アオハル漫画賞」大賞受賞。著書に、『彼女のカーブ』(太田出版)、『椿荘101号室』(マッグガーデン)、『かばんとりどり』(徳間書店)、『ハナヨメ未満』(講談社)がある。

マンガで読む
人生がときめく片づけの魔法

2017年2月5日 初版印刷
2017年2月15日 初版発行

著者 近藤麻理恵 ウラモトユウコ
発行人 植木宣隆
発行所 株式会社サンマーク出版
東京都新宿区高田馬場2-16-11
電話 03-5272-3166(代表)

印刷・製本 中央精版印刷株式会社

ブックデザイン 轡田昭彦+坪井朋子
コラム素材 All Vectors
校閲 乙部美帆
編集 上村 晶
高橋朋宏、桑島暁子(サンマーク出版)

ISBN 978-4-7631-3551-3 C0030

ホームページ http://www.sunmark.co.jp
携帯サイト http://www.sunmark.jp

近藤麻理恵の本

人生がときめく片づけの魔法

まずはこれ!

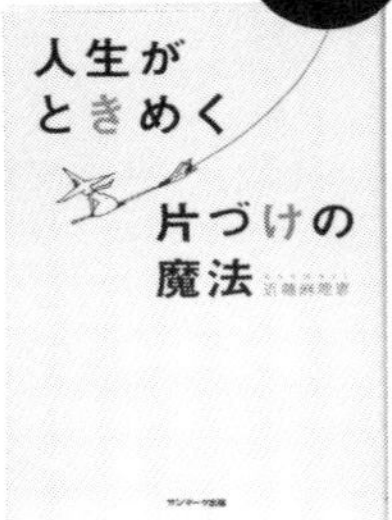

片づけたいけど片づけられない人のために「一度片づけたら、二度と散らからない方法」を解き明かした画期的な書。こんまり流片づけ法を学ぶなら、まずはこの本から。米国でも270万部を超えるヒットとなった世界的ベストセラー。

●定価＝本体1400円＋税

人生がときめく片づけの魔法2

これで完璧!

最初の本を読んだものの、まだ片づけが終わっていない人のために「完璧に片づけを終わらせるための方法」を書いたシリーズ第2弾。片づけを終えた人にも、メイク用品や台所の片づけ方など具体的な方法がわかるのでおすすめ。

●定価＝本体1400円＋税

毎日がときめく片づけの魔法

オールカラー!

すでに片づけを終えた人のために「こんまり流のときめく暮らしの送り方」を書いたシリーズ第3弾。なかでも、洋服の種類ごとにたたみ方を詳細に写真で説明したページがわかりやすいと大好評。シリーズ唯一のオールカラー版。

●定価＝本体1600円＋税

イラストでときめく片づけの魔法

便利な一冊!

こんまり流片づけ法を108の手順に事細かに分けて、より具体的にわかりやすく説明した、イラスト版「片づけの魔法」の集大成。項目ごとに事典のように使えるつくりとなっているので、片づけを終えた人にもこれからの人にもおすすめ。

●定価＝本体1300円＋税

＊電子版はKindle、楽天〈kobo〉、またはiPhoneアプリ（サンマークブックス、iBooks等）で購読できます。